シンプルな日常着

atelier Roughatour
ホソノユミ

CONTENTS

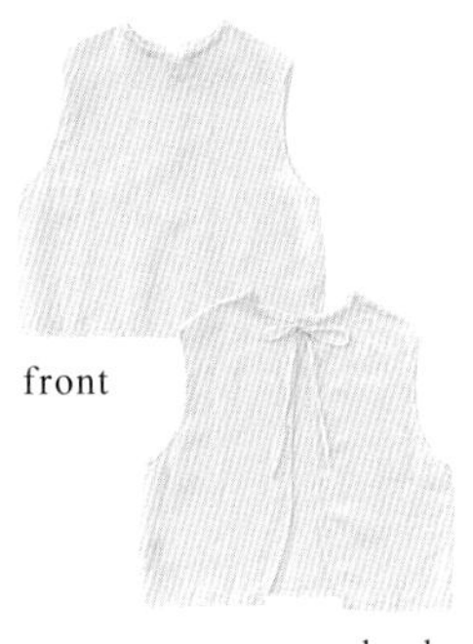

front

back

No 08

TABLIER VEST
[SHORT]

p.12 / p.55

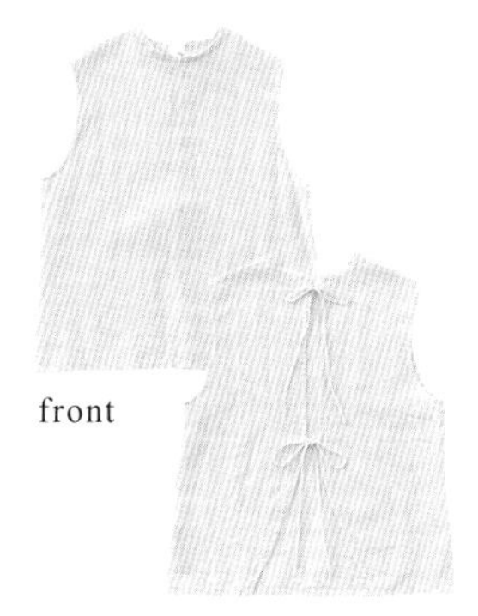

front

back

No 09

TABLIER VEST
[LONG]

p.14 / p.56

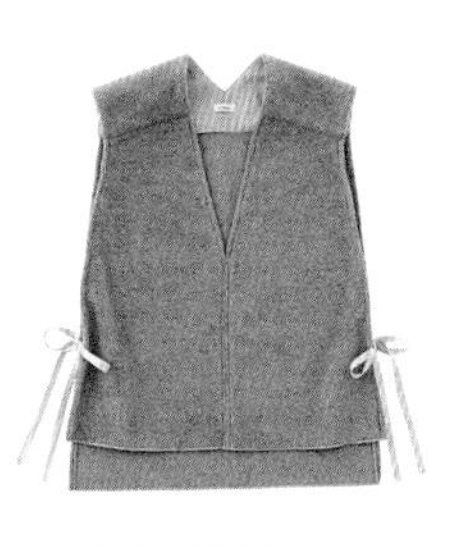

No 10

SHORT GILLE

p.26 / p.63

No 11

LONG GILLE

p.28 / p.61

No 12

GATHERED SKIRT

p.26 / p.66

No 13

2WAY PANTS

p.24 / p.68

No 14

SUSPENDER PANTS

p.10 ～ 13 / p.71

No 15

WORK COAT
[SHORT]

p.30 / p.75

No 16

WORK COAT
[LONG]

p.32 / p.79

No
02

How to make
⟶ p.37

HIGH-NECK GATHERED LONG DRESS

HIGH-NECK GATHERED BLOUSE

No
01

How to make
⟶ p.36

SLEEVELESS TUCK STITCH DRESS

№ 03

How to make

⟶ p.42

SUSPENDER PANTS

No
14

How to make
→ p.71

TABLIER VEST [SHORT]

No
08

How to make
⟶ p.55

TABLIER VEST [LONG]

№ 09

How to make
⟶ p.56

NUNNERY DRESS [HALF SLEEVE]

No
04

How to make
→ p.45

APRON DRESS

№
06

How to make
⟶ p.51

SLEEVELESS TUCK ROBE DRESS

Nº 05

How to make
→ p.48

DOLMAN SHORT BLOUSE

No 07

How to make
→ p.58

Nº 07 DOLMAN SHORT BLOUSE

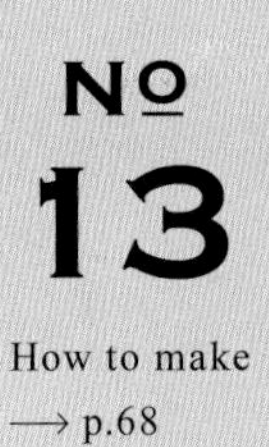

How to make
⟶ p.68

SHORT GILLE

No
10

How to make
⟶ p.63

GATHERED SKIRT

No
12

How to make
⟶ p.66

LONG GILLE

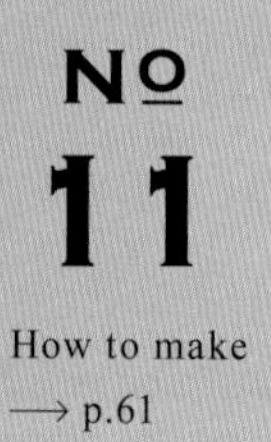

How to make
⟶ p.61

WORK COAT [SHORT]

No 15

How to make
→ p.75

WORK COAT [LONG]

Nº
16

How to make
→ p.79

HOW TO MAKE

サイズについて

* 作品は一部をのぞき、S、M、Lの3サイズです。No.6・10・11はフリーサイズ、No.12はS～M、L～LLの2サイズです。
* 各サイズのパターンは、下記の基準サイズ（ヌード寸法）をもとに作っています。また、作り方ページに出来上り寸法を記載していますので、参考にしてください。
* 身幅はリラックスして着られるようゆったりめに、ワンピースはスタイリッシュに着こなせるようマキシ丈に設定しています。
* モデルの身長は160cmです。

基準サイズ　単位はcm

	S	M	L
身長		160～164	
バスト	75～80	80～91	91～96
ウエスト	58～64	64～74	74～79
ヒップ	83～89	89～99	99～104

作り方の表記について

* 作り方解説中の数字の単位はcmです。
* 実物大パターンには縫い代が含まれています（裁合せ図の縫い代寸法は目安として記載しています）。使い方は34ページを参照してください。バイアス布はパターンがありませんので、裁合せ図と34ページを参照して必要な長さを用意しましょう。
* 裁合せ図の配置や用尺は目安です。サイズや使用する布の幅、柄合せの有無によって変わる場合があります。すべてのパーツが入ることを確認してから布を裁断してください。
* 材料中の布幅は、各ショップのウェブサイトに準じて有効幅を記載しています。実際の布幅と異なる場合がありますので、布幅を生かしたデザインの作品を作る場合はご注意ください。

ソーイングの基礎

○実物大パターンの使い方

実物大パターンはハトロン紙などの透ける紙に写し取って使います。

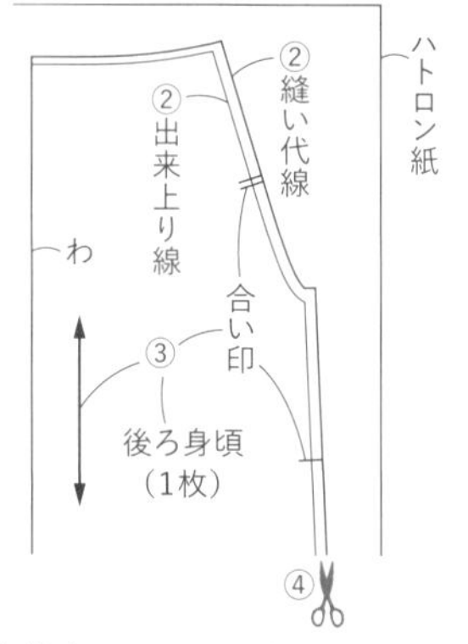

ハトロン紙
②縫い代線
②出来上り線
わ
合い印
③
後ろ身頃（1枚）
④

①実物大パターンの縫い代線をマーカーでなぞっておく
②ハトロン紙をパターン上にのせ、定規を使って縫い代線と出来上り線を正確に写す（ミシンのガイドラインに合わせて縫う場合は出来上り線を写す必要はない）
③布目線や合い印、パーツ名などを写す
④縫い代線にそってカットする

○裁断・印つけ

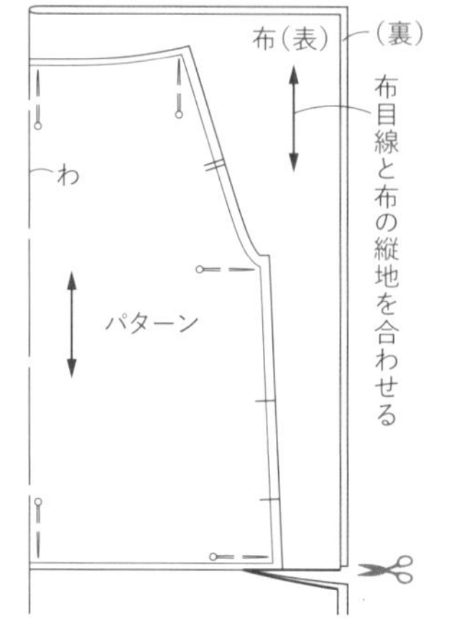

布（表）
（裏）
布目線と布の縦地を合わせる
わ
パターン

①布の表側にパターンをのせ、まち針で固定してからパターンにそって裁断する。（型紙に「わ」と書いてある線は布の折り山に合わせる）
②両面チョークペーパーを布の間に挟んでルレットで出来上り線をなぞって印をつける。合い印、縫止り、あき止りなどは裏側、ボタンつけ位置は表側に印をつける

○布の下準備

洗濯による縮みや形くずれを防ぐため、コットンやリネンなどの布は用尺よりも多めに用意し、裁断前に必ず水通しと地直しをします。

水通し・地直しのしかた

①布を1時間ほど水につけてから、洗濯機で軽く脱水する
②布目を整えてから、生乾き程度まで陰干しをする
③縦横の布目が直角になるように布目を整えながら、裏からアイロンをかける

○接着芯のはり方

布に接着芯をはることで、形くずれや布が伸びるのを防ぎます。粗裁ちした布の裏に接着芯（ざらざらしている面）を合わせ、当て布をしてドライアイロン（中温140～160℃）をかけます。アイロンはすべらせずに、すきまができないように少しずつずらしながら、5～6秒ずつ上から押さえます。

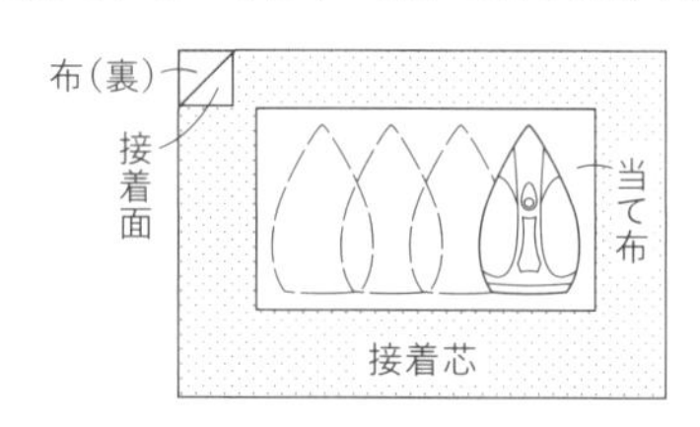

布（裏）
接着面
当て布
接着芯

○バイアス布の裁ち方とはぎ方

縦地に対して45°の角度で斜めの線を引き、その線と平行に指定の幅で線を引いてテープ状にカットします。1本の長さが足りないときは、はぎ合わせます。

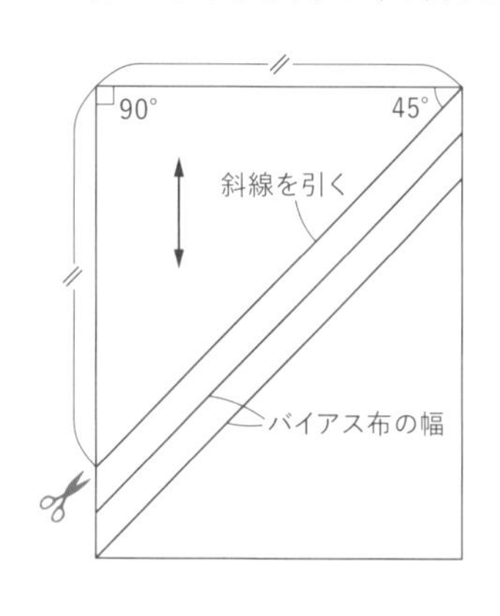

90°
45°
斜線を引く
バイアス布の幅

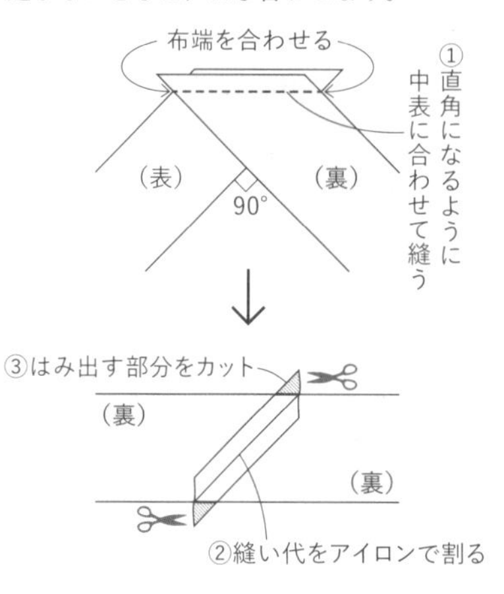

布端を合わせる
①直角になるように中表に合わせて縫う
（表）
（裏）
90°
③はみ出す部分をカット
（裏）
（裏）
②縫い代をアイロンで割る

○タックのたたみ方

布をつまんで斜線の高いほう（◇）から低いほう（◉）に向かって倒し、印を合わせてひだを作ります。

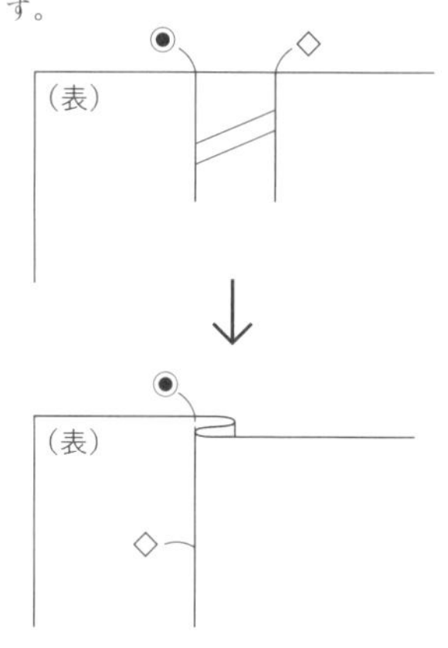

（表）
（表）

○ギャザーの寄せ方

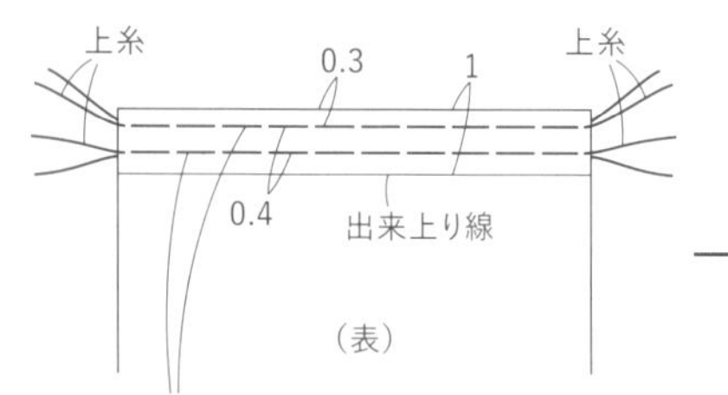

上糸
0.3
1
上糸
0.4
出来上り線
（表）

①縫い代に粗い針目のミシン（ギャザーミシン）を2本かける。縫始めと縫終りの糸は長めに残しておく

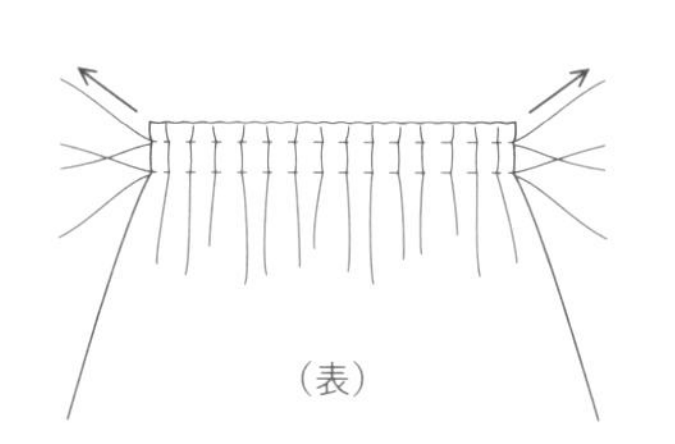

（表）

②上糸（上側の糸）を2本一緒に引き、ギャザーを均等に寄せる

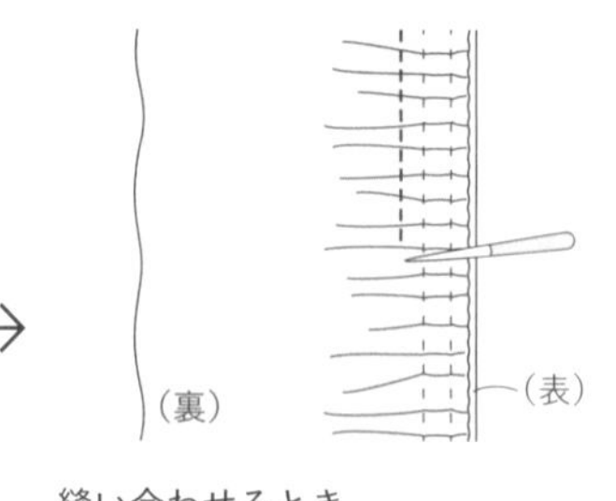

（裏）
（表）

縫い合わせるとき

ギャザーを寄せた側を上にし、目打ちの先でギャザーを整えながら縫う

○裏バインダー始末

衿ぐりや袖ぐりなどの始末に使用。表からはバイアス布が見えない始末の方法。

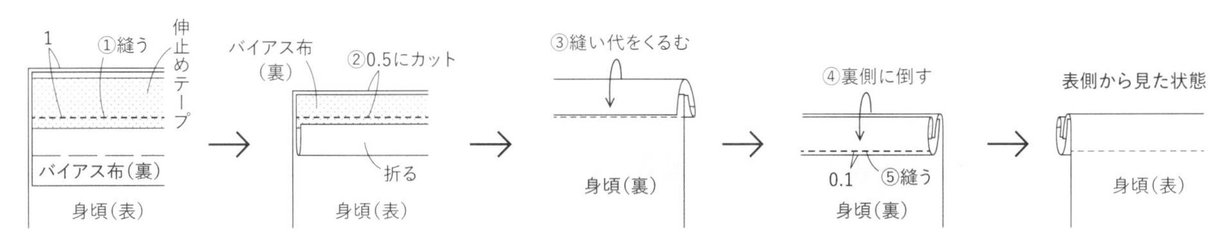

1
①縫う
伸止めテープ
バイアス布（裏）
身頃（表）
バイアス布（裏）
②0.5にカット
折る
身頃（表）
③縫い代をくるむ
身頃（裏）
④裏側に倒す
0.1
⑤縫う
身頃（裏）
表側から見た状態
身頃（表）

○折伏せ縫い

広いほうの縫い代で狭いほうの縫い代をくるんで片返しにし、折り山の端にミシンをかけます。縫い代が隠れて、丈夫で裏もきれいに仕上がります。

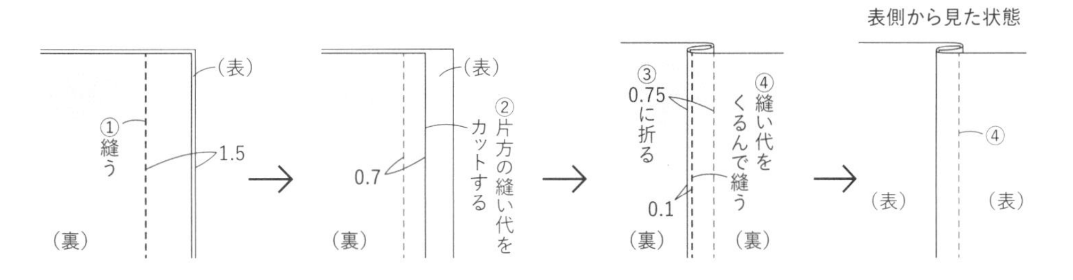

（表）
①縫う
1.5
（裏）
（表）
②片方の縫い代をカットする
0.7
（裏）
③0.75に折る
④縫い代をくるんで縫う
0.1
（裏）
（裏）
表側から見た状態
④
（表）
（表）

○袋縫い

裁ち端が内側に隠れる方法。外表に合わせて第1ミシンをかけ、中表に合わせ直して第2ミシンをかけます。

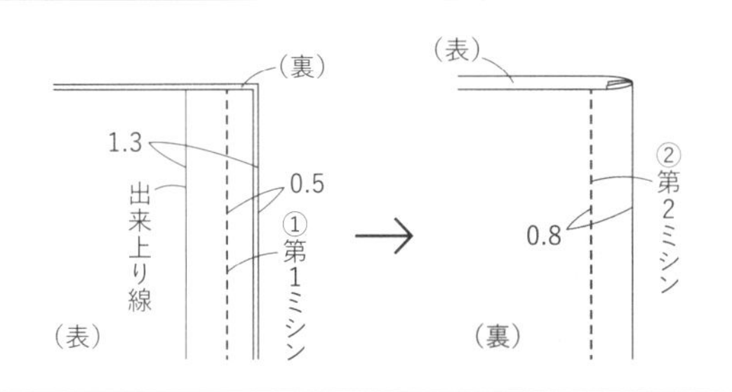

（裏）
1.3
0.5
出来上り線
①第1ミシン
（表）
（表）
②第2ミシン
0.8
（裏）

○ボタンホールの印つけ

ボタンホールの寸法
＝ボタンの直径＋ボタンの厚み

横穴の場合

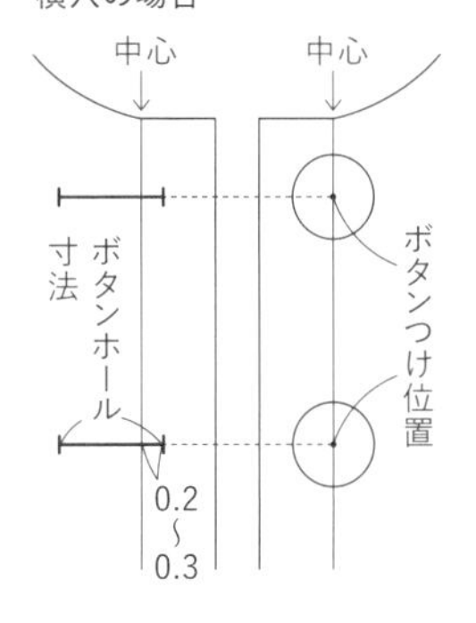

中心
中心
ボタンホール寸法
ボタンつけ位置
0.2〜0.3

縦穴の場合

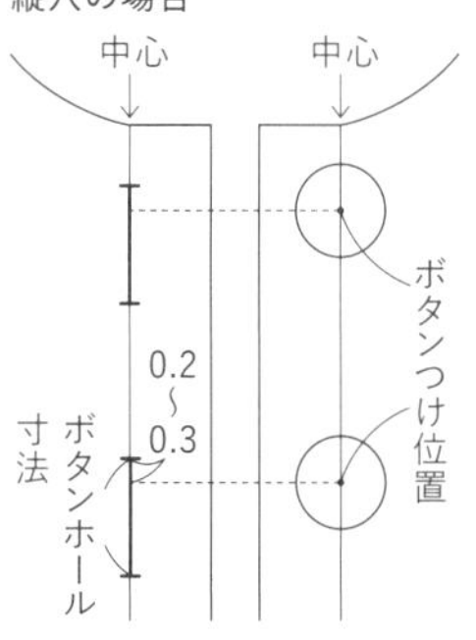

中心
中心
ボタンつけ位置
0.2〜0.3
ボタンホール寸法

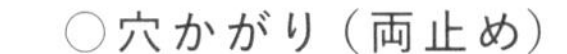

○穴かがり（両止め）

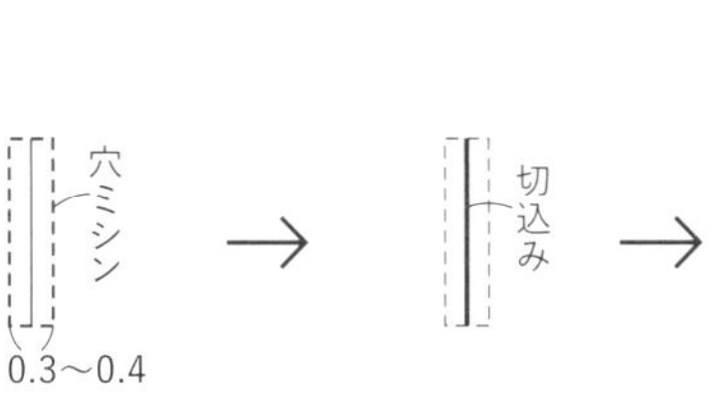

穴ミシン
0.3〜0.4
切込み
穴ミシン
2
3
切込み
芯糸
5
1
4
6

①ほつれ止めとして穴ミシンをかける

②中央に切込みを入れる

③芯糸を渡す

④糸の輪を針先ですくい、糸を水平に引き、こころもち引き上げる。針足はミシン目の際に出してそろえる

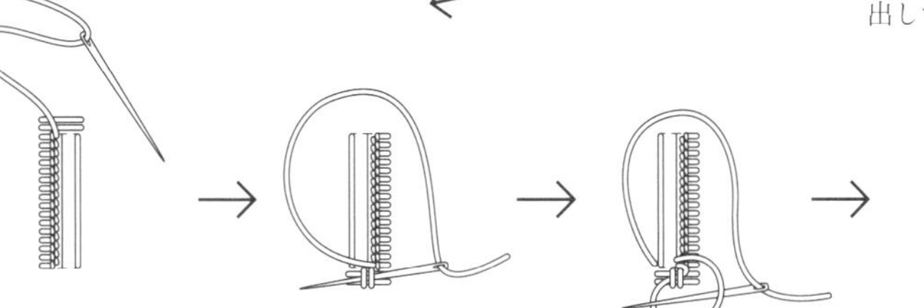

⑤片側をかがり、端に止め糸を横と縦に2本ずつ渡す

⑥最後の結び目をすくう

⑦⑤の止め糸の下に糸をくぐらせて④と同様にもう一方をかがる

№ 01

ハイネックギャザーブラウス

HIGH-NECK GATHERED BLOUSE

photo ⟶ p.6

実物大パターンA面

チャーチブラウスをイメージしたデザイン。太幅の衿が甘さを抑え、ギャザーたっぷりでもキリッとした印象に。ラグランスリーブだから腕回りも動かしやすい。

材料　※S、M、Lサイズ共通
表布　ワイド幅ベルギーリネン60番手
　　（10／グレーカーキ）… 142cm幅 190cm
接着芯 … 110cm幅 40cm

出来上り寸法　※左からS／M／Lサイズ
バスト … 143／151／159cm
着丈 … 71.5／72.5／73.5cm
袖丈 … 50／51.5／53.5cm

縫い方順序

1　リボンを作る … p.38-**1** 参照
2　前あきを作る … p.38-**2** 参照
3　袖をつける … p.39-**5** 参照
4　袖下〜身頃の脇を縫う … p.40-**6** 参照
5　袖口を三つ折りにして縫う … p.47-**9** 参照
　＊袖口の仕上りを0.5cm幅の三つ折りにし、袖口から0.4cm幅ステッチをかける
6　裾を三つ折りにして縫う … p.40-**7** 参照
　＊裾の仕上りを0.5cm幅の三つ折りにし、裾から0.4cm幅ステッチをかける
7　衿を作る … p.41-**10** 参照
8　衿ぐりにギャザーを寄せ、衿をつける … p.41-**11** 参照

裁合せ図

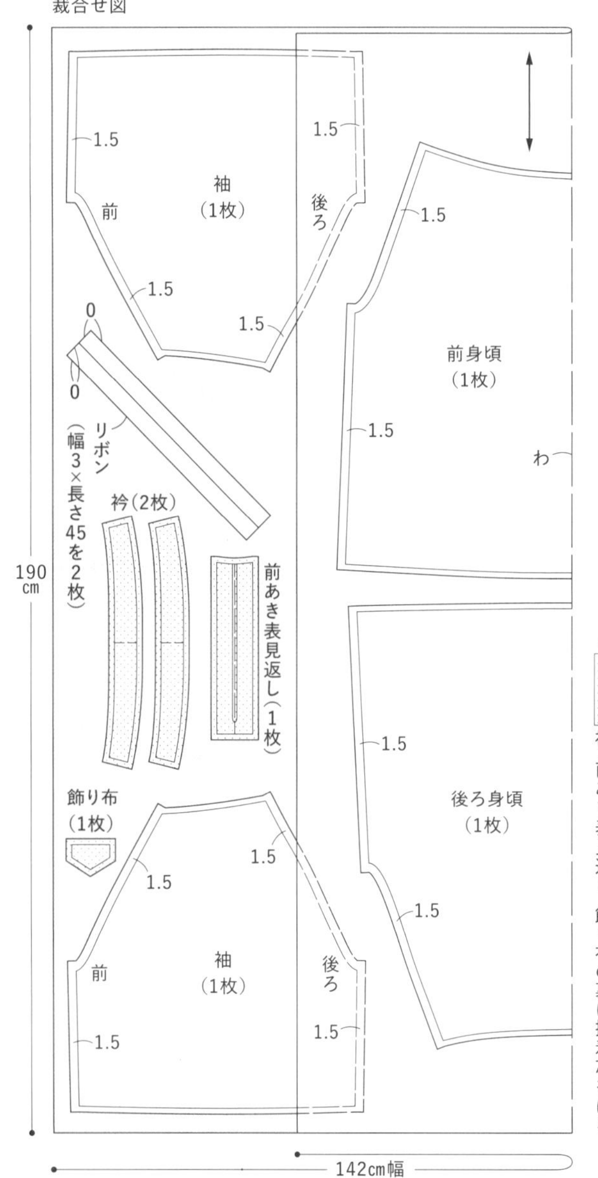

1.5
袖
(1枚)
前
後ろ
0
リボン
(幅3×長さ45を2枚)
衿(2枚)
前あき表見返し(1枚)
前身頃
(1枚)
わ
190cm
後ろ身頃
(1枚)
飾り布
(1枚)
142cm幅

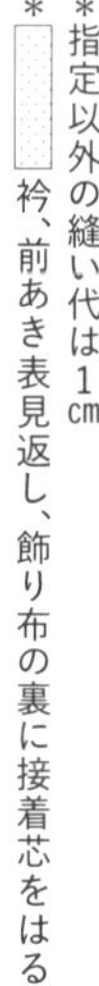

＊指定以外の縫い代は1cm
＊ 衿、前あき表見返し、飾り布の裏に接着芯をはる

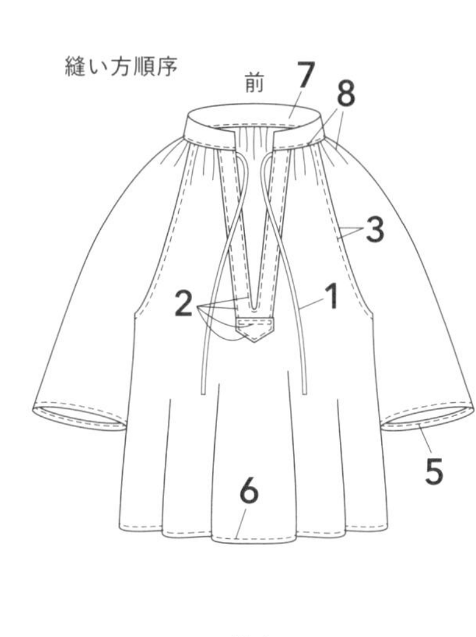

縫い方順序
前
7
8
3
2
1
5
6

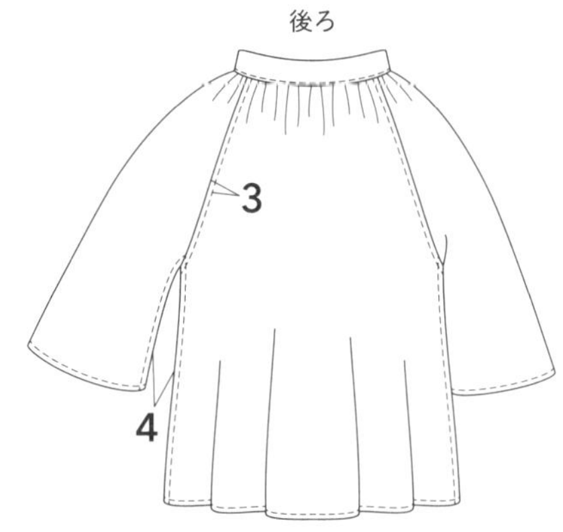

後ろ
3
4

No 02

ハイネックギャザーワンピース

HIGH-NECK GATHERED LONG DRESS

photo → p.4

実物大パターンA面

No01をワンピースにアレンジ。丈を長めにして、大人っぽく着こなして。
レギンスやペチパンツを裾からチラリとのぞかせるのもおすすめです。

材料 ※左からS／M／Lサイズ
表布 コットンローン ソフトワッシャー 無地染め
(25／ライトコーラル)
…120cm幅 330／350／350cm
接着芯…110cm幅 40cm
伸止めテープ…1.2cm幅 40cm
ボタン…直径1cm 2個

出来上り寸法 ※左からS／M／Lサイズ
バスト…143／151／159cm
着丈…119／121／123cm
袖丈…63.5／65.5／67.5cm

縫い方順序
1 リボンと袖口ループを作る
2 前あきを作る
3 脇にポケットを作る
4 袖口にあきを作る
5 袖をつける
6 袖下〜身頃の脇を縫う
7 裾を三つ折りにして縫う
8 カフスを作る
9 袖口にギャザーを寄せ、カフスをつける
10 衿を作る
11 衿ぐりにギャザーを寄せ、衿をつける

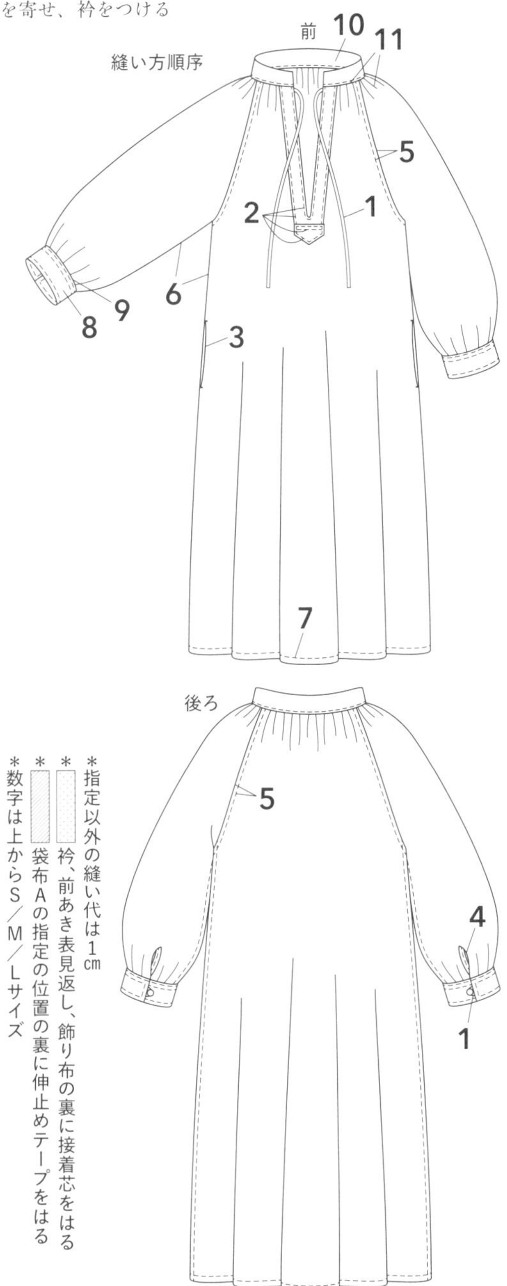
縫い方順序
前
10
11
5
2
1
6
9
8
3
7
後ろ
5
4
1

裁合せ図

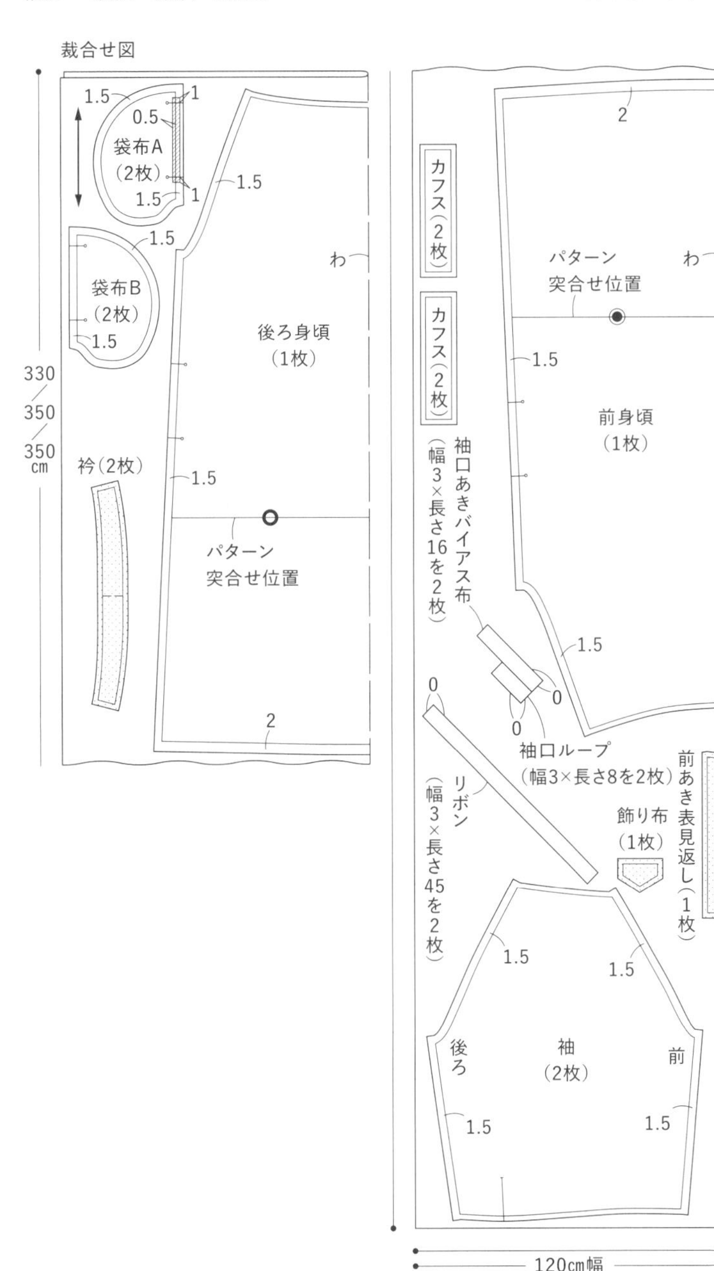
1.5
1
0.5
袋布A
(2枚)
1.5
1
1.5
1.5
袋布B
(2枚)
1.5
わ
後ろ身頃
(1枚)
330／350／350cm
衿(2枚)
1.5
パターン
突合せ位置
2
カフス(2枚)
カフス(2枚)
2
パターン
突合せ位置
わ
1.5
前身頃
(1枚)
袖口あきバイアス布
(幅3×長さ16を2枚)
1.5
0
0
0
袖口ループ
(幅3×長さ8を2枚)
リボン
(幅3×長さ45を2枚)
飾り布
(1枚)
前あき表見返し(1枚)
1.5
1.5
後ろ
袖
(2枚)
前
1.5
1.5
120cm幅

＊指定以外の縫い代は1cm
＊ 衿、前あき表見返し、飾り布の裏に接着芯をはる
＊ 袋布Aの指定の位置の裏に伸止めテープをはる
＊数字は上からS／M／Lサイズ

1 リボンと袖口ループを作る

2 前あきを作る

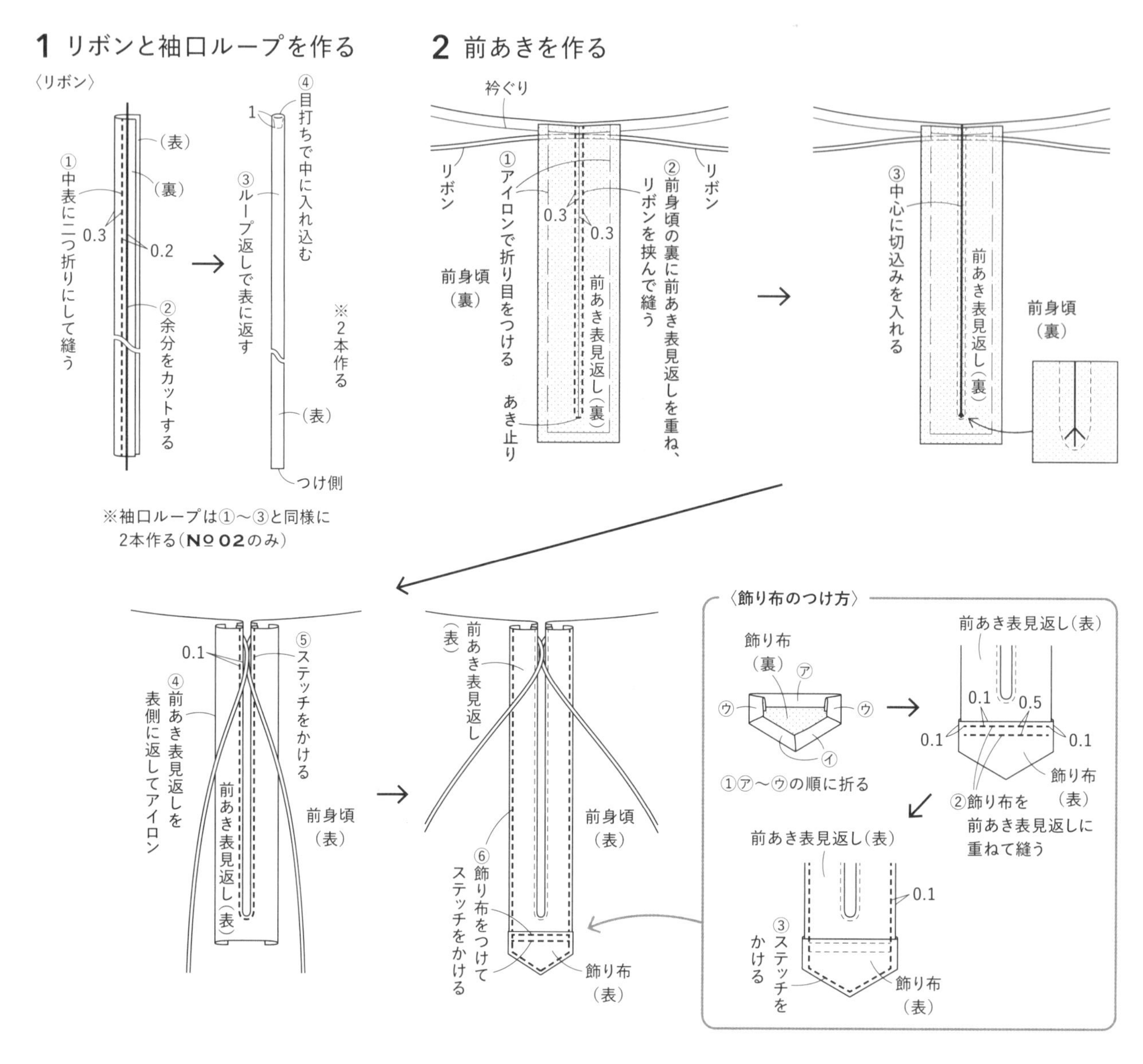
〈リボン〉
①中表に二つ折りにして縫う
(表)
(裏)
0.3
0.2
②余分をカットする
④目打ちで中に入れ込む
1
③ループ返しで表に返す
(表)
つけ側
※2本作る
※袖口ループは①〜③と同様に2本作る(№02のみ)
衿ぐり
リボン
リボン
①アイロンで折り目をつける
②前身頃の裏に前あき表見返しを重ね、リボンを挟んで縫う
0.3
0.3
前身頃(裏)
前あき表見返し(裏)
あき止り
③中心に切込みを入れる
前あき表見返し(裏)
前身頃(裏)
0.1
⑤ステッチをかける
④前あき表見返しを表側に返してアイロン
前あき表見返し(表)
前身頃(表)
前あき表見返し(表)
前身頃(表)
⑥飾り布をつけてステッチをかける
飾り布(表)
〈飾り布のつけ方〉
飾り布(裏)
ア
ウ
ウ
イ
①ア〜ウの順に折る
前あき表見返し(表)
0.1
0.5
0.1
0.1
飾り布(表)
②飾り布を前あき表見返しに重ねて縫う
前あき表見返し(表)
0.1
③ステッチをかける
飾り布(表)

3 脇にポケットを作る

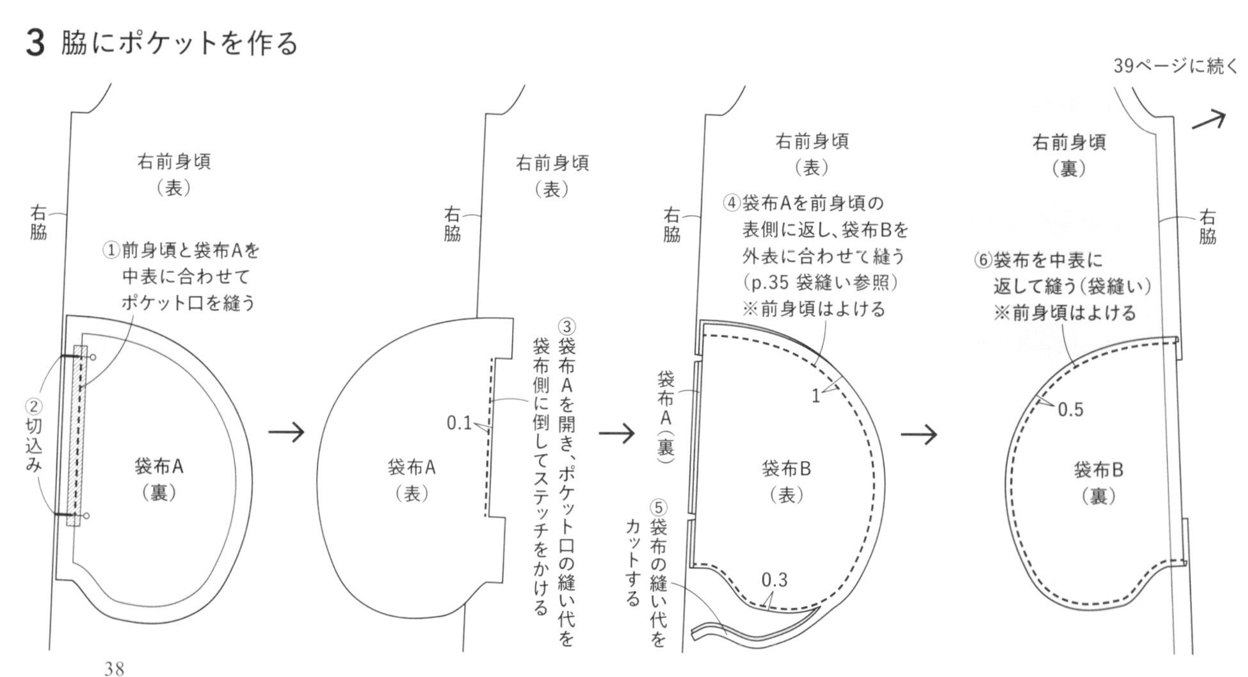
右前身頃(表)
右脇
①前身頃と袋布Aを中表に合わせてポケット口を縫う
②切込み
袋布A(裏)
右前身頃(表)
右脇
袋布A(表)
0.1
③袋布Aを開き、ポケット口の縫い代を袋布側に倒してステッチをかける
右前身頃(表)
右脇
④袋布Aを前身頃の表側に返し、袋布Bを外表に合わせて縫う(p.35 袋縫い参照)
※前身頃はよける
1
袋布A(裏)
袋布B(表)
0.3
⑤袋布の縫い代をカットする
右前身頃(裏)
右脇
⑥袋布を中表に返して縫う(袋縫い)
※前身頃はよける
0.5
袋布B(裏)

39ページに続く

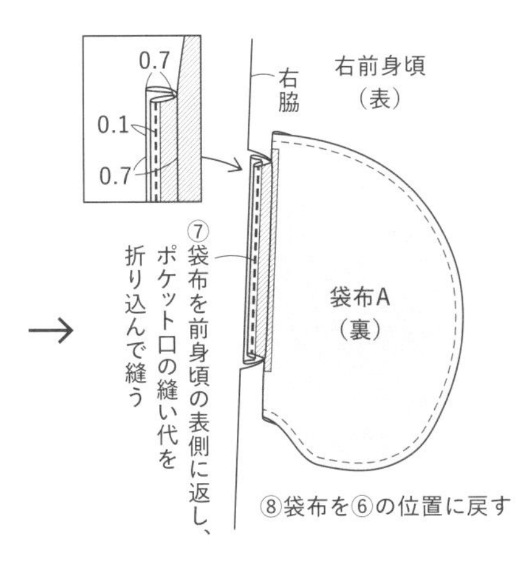
0.7
0.1
0.7
右脇
右前身頃
（表）
⑦袋布を前身頃の表側に返し、
ポケット口の縫い代を
折り込んで縫う
袋布A
（裏）
⑧袋布を⑥の位置に戻す

4 袖口にあきを作る

袖口あきバイアス布（表）
①アイロンで
四つ折りにする
0.75
0.75

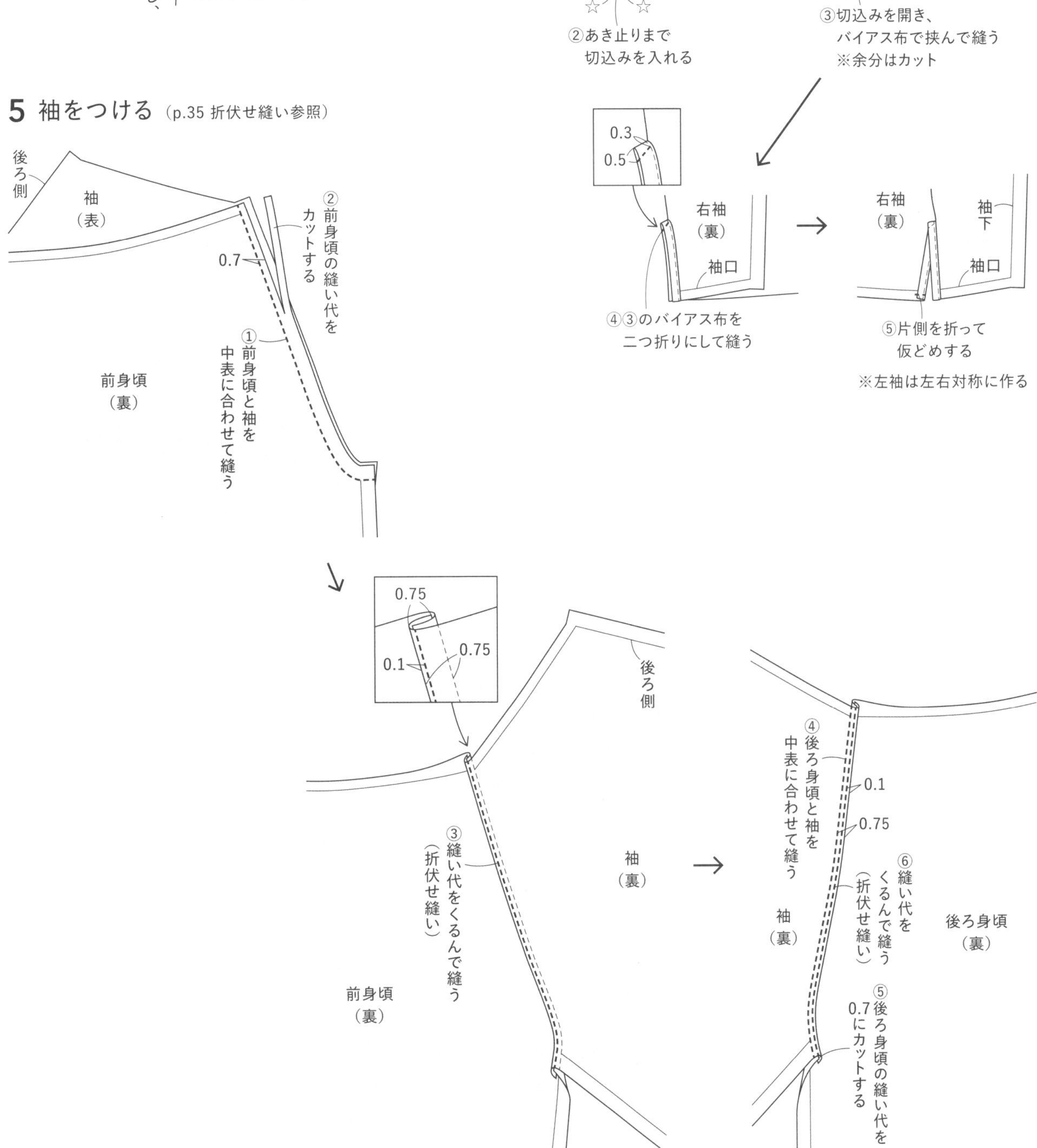
右袖
（裏）
あき止り
袖下
袖口
☆
☆
②あき止りまで
切込みを入れる
袖口
右袖
（裏）
0.1
袖口
あき止り
☆
☆
③切込みを開き、
バイアス布で挟んで縫う
※余分はカット
0.3
0.5
右袖
（裏）
袖口
④③のバイアス布を
二つ折りにして縫う
右袖
（裏）
袖下
袖口
⑤片側を折って
仮どめする
※左袖は左右対称に作る
5 袖をつける（p.35 折伏せ縫い参照）
後ろ側
袖
（表）
0.7
②前身頃の縫い代を
カットする
①前身頃と袖を
中表に合わせて縫う
前身頃
（裏）
0.75
0.1
0.75
後ろ側
③縫い代をくるんで縫う
（折伏せ縫い）
袖
（裏）
前身頃
（裏）
④後ろ身頃と袖を
中表に合わせて縫う
0.1
0.75
⑥縫い代を
くるんで縫う
（折伏せ縫い）
袖
（裏）
後ろ身頃
（裏）
⑤後ろ身頃の縫い代を
0.7にカットする

6 袖下〜身頃の脇を縫う (p.35 折伏せ縫い参照)

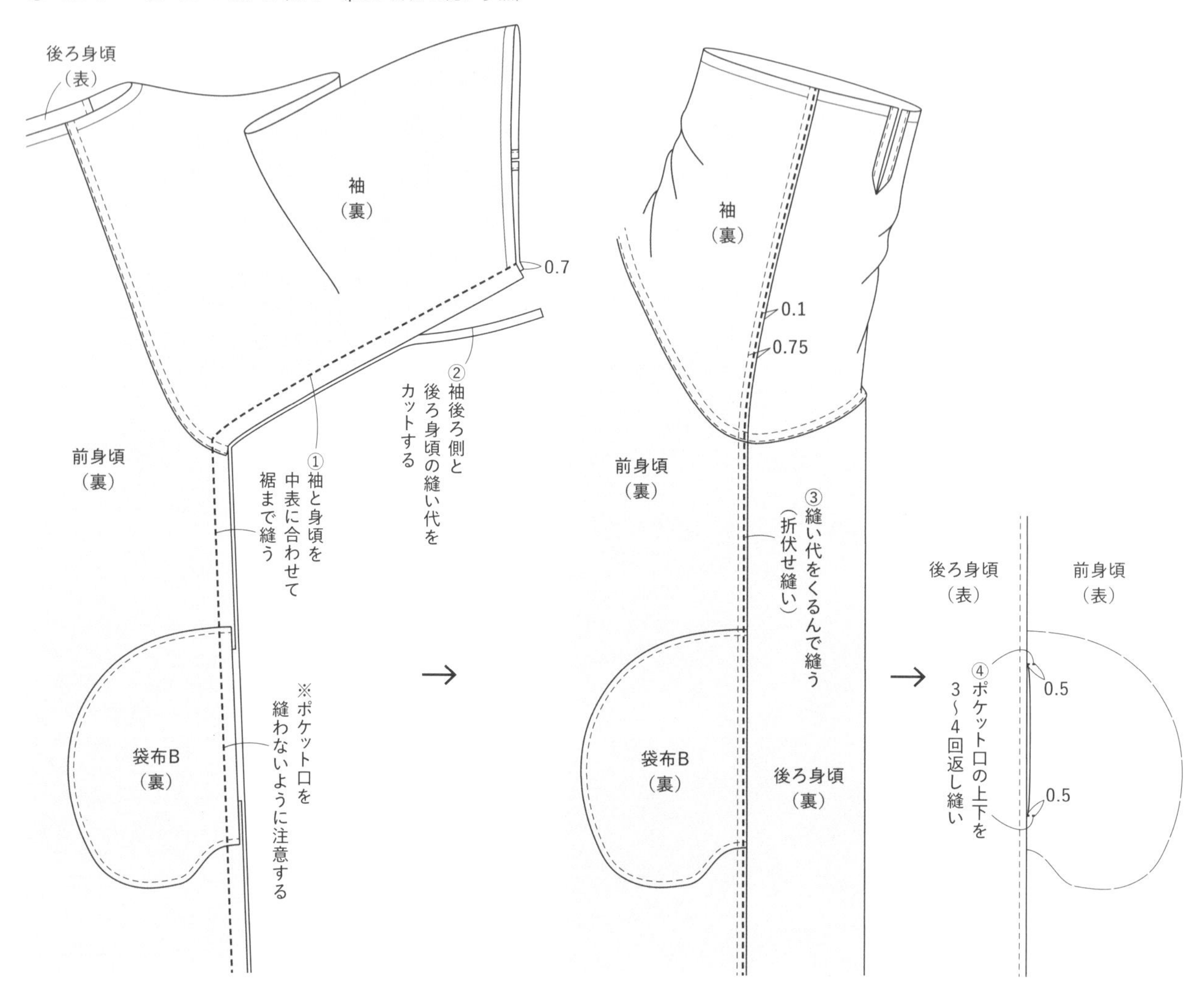
後ろ身頃
(表)
袖
(裏)
0.7
②袖後ろ側と後ろ身頃の縫い代をカットする
①袖と身頃を中表に合わせて裾まで縫う
前身頃
(裏)
※ポケット口を縫わないように注意する
袋布B
(裏)
袖
(裏)
0.1
0.75
前身頃
(裏)
③縫い代をくるんで縫う(折伏せ縫い)
袋布B
(裏)
後ろ身頃
(裏)
後ろ身頃
(表)
前身頃
(表)
④ポケット口の上下を3〜4回返し縫い
0.5
0.5

7 裾を三つ折りにして縫う

8 カフスを作る

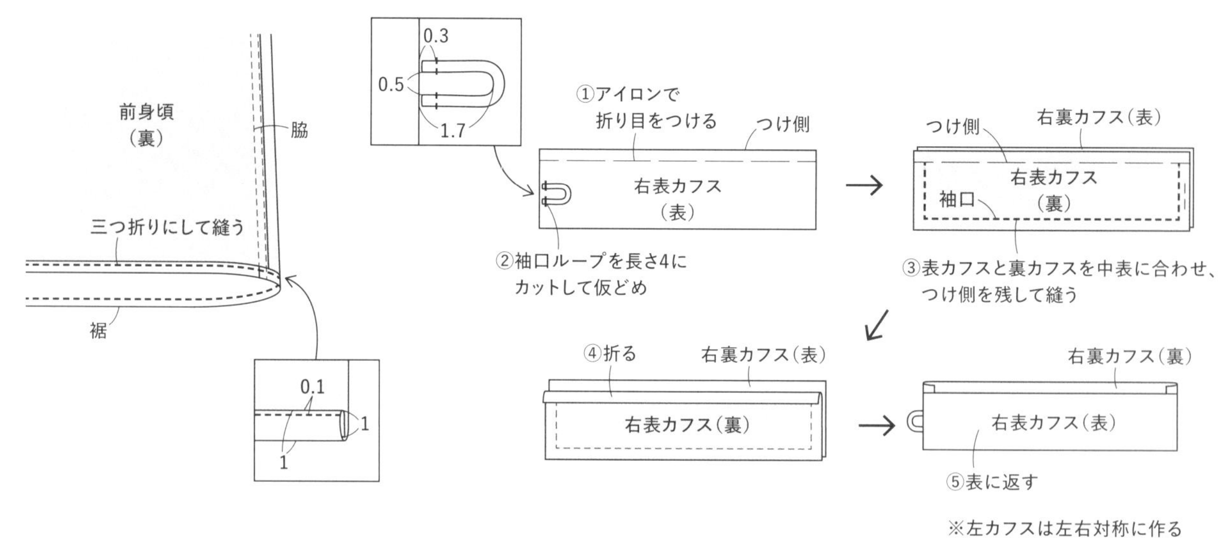
前身頃
(裏)
脇
三つ折りにして縫う
裾
0.1
1
1
0.3
0.5
1.7
①アイロンで折り目をつける
つけ側
右表カフス
(表)
②袖口ループを長さ4にカットして仮どめ
つけ側
右裏カフス(表)
右表カフス
(裏)
袖口
③表カフスと裏カフスを中表に合わせ、つけ側を残して縫う
④折る
右裏カフス(表)
右表カフス(裏)
右裏カフス(裏)
右表カフス(表)
⑤表に返す
※左カフスは左右対称に作る

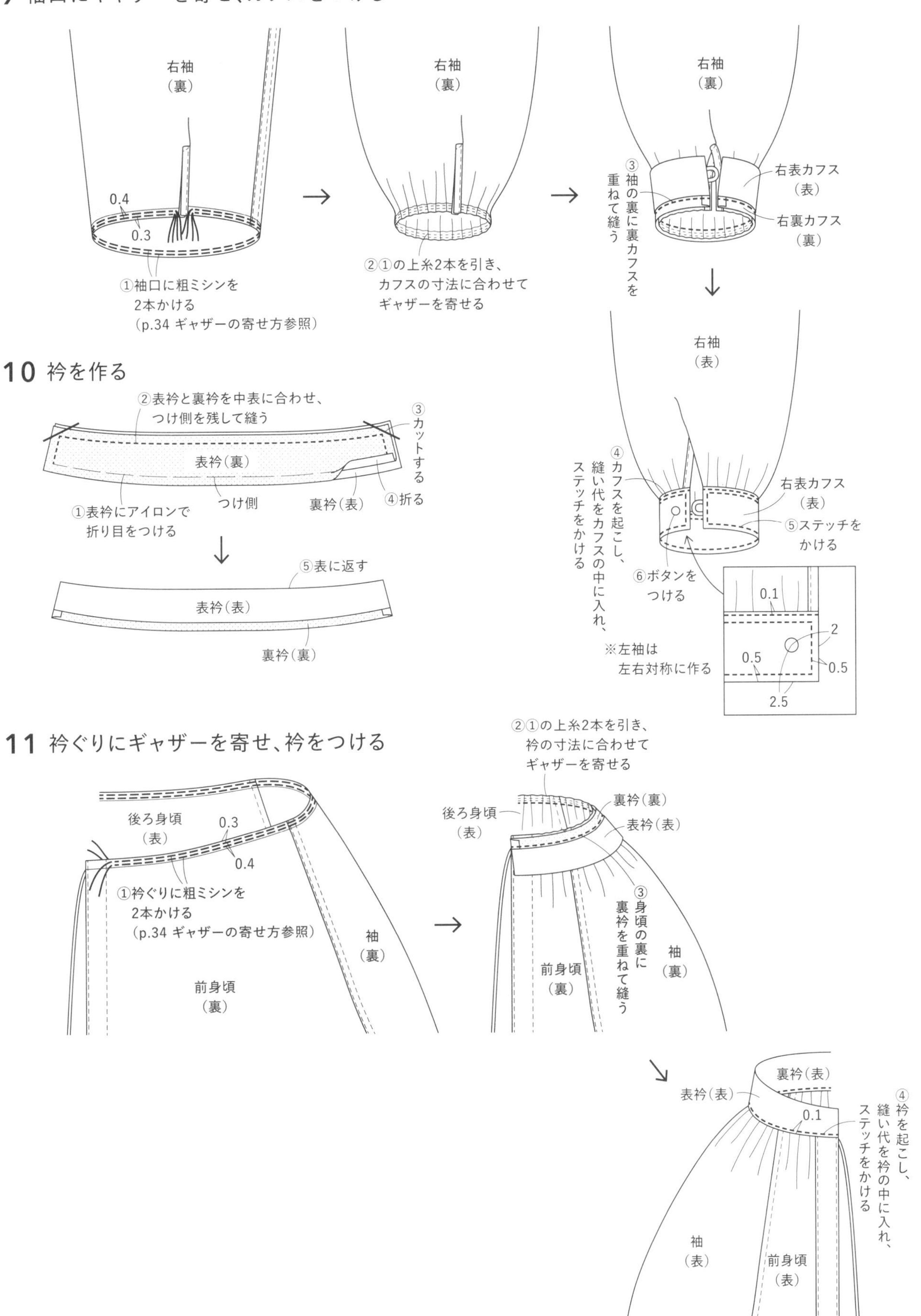
9 袖口にギャザーを寄せ、カフスをつける
右袖
（裏）
0.4
0.3
①袖口に粗ミシンを
2本かける
（p.34 ギャザーの寄せ方参照）
右袖
（裏）
②①の上糸2本を引き、
カフスの寸法に合わせて
ギャザーを寄せる
右袖
（裏）
③袖の裏に裏カフスを重ねて縫う
右表カフス
（表）
右裏カフス
（裏）
右袖
（表）
④カフスを起こし、縫い代をカフスの中に入れ、ステッチをかける
右表カフス
（表）
⑤ステッチを
かける
⑥ボタンを
つける
0.1
2
0.5
0.5
2.5
※左袖は
左右対称に作る
10 衿を作る
②表衿と裏衿を中表に合わせ、
つけ側を残して縫う
③カットする
表衿（裏）
つけ側
裏衿（表）
④折る
①表衿にアイロンで
折り目をつける
⑤表に返す
表衿（表）
裏衿（裏）
11 衿ぐりにギャザーを寄せ、衿をつける
後ろ身頃
（表）
0.3
0.4
①衿ぐりに粗ミシンを
2本かける
（p.34 ギャザーの寄せ方参照）
袖
（裏）
前身頃
（裏）
②①の上糸2本を引き、
衿の寸法に合わせて
ギャザーを寄せる
後ろ身頃
（表）
裏衿（裏）
表衿（表）
③身頃の裏に裏衿を重ねて縫う
前身頃
（裏）
袖
（裏）
裏衿（表）
表衿（表）
0.1
④衿を起こし、縫い代を衿の中に入れ、ステッチをかける
袖
（表）
前身頃
（表）

No 03

ノースリーブタックステッチワンピース

SLEEVELESS TUCK STITCH DRESS

photo ⟶ p.8

実物大パターンC面

Aラインを意識した、マキシ丈のワンピース。スタンドカラーが全体の引締め役に。バストが大きめのかたでも着やすいように、タックを2か所、ハンドステッチで縫いとめて。

材料 ※左からS／M／Lサイズ

〈ブルー〉

表布 児島染洗いをかけた40／1番手ベルギーリネン インディゴダイド（インディゴ染ブルー）
…110cm幅（有効幅102cm幅）300／
120cm幅320／320cm

※Sサイズは布幅を最大限に生かして裁断しています。

※M、Lサイズは有効幅120cm以上の布地を使用してください。

〈キナリ〉

表布 コットンライトキャンバス(KN／キナリ)
…112cm幅300／
120cm幅320／320cm

※M、Lサイズは有効幅120cm以上の布地を使用してください。

〈共通〉

接着芯…110cm幅50cm

伸止めテープ…1.2cm幅170cm

ボタン…直径1cm 2個

出来上り寸法 ※左からS／M／Lサイズ

バスト…93／101／109cm

着丈…124／126／128cm

縫い方順序

1 前身頃のタックをたたむ
2 前あきを作る
3 肩を縫う…p.52-**1** 参照
4 脇にポケットを作る…p.38-**3** 参照
5 脇を縫う
6 袖ぐりを始末する
7 衿を作る
8 衿をつける
9 裾を三つ折りにして縫う…p.40-**7** 参照
10 右身頃にボタンホール（衿は横穴、身頃は縦穴）を作り、左身頃にボタンをつける

縫い方順序

前

後ろ

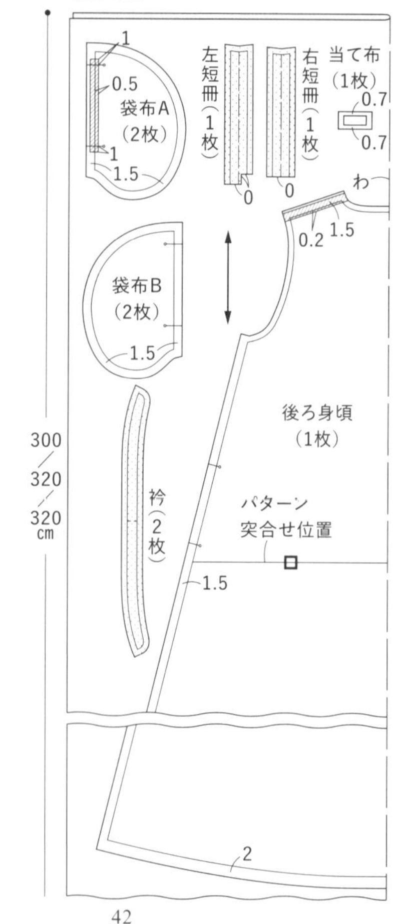

裁合せ図
1
0.5
袋布A
(2枚)
1
1.5
左短冊(1枚)
右短冊(1枚)
0
0
当て布
(1枚)
0.7
0.7
わ
0.2
1.5
袋布B
(2枚)
1.5
衿(2枚)
後ろ身頃
(1枚)
パターン
突合せ位置
1.5
300／320／320cm
2

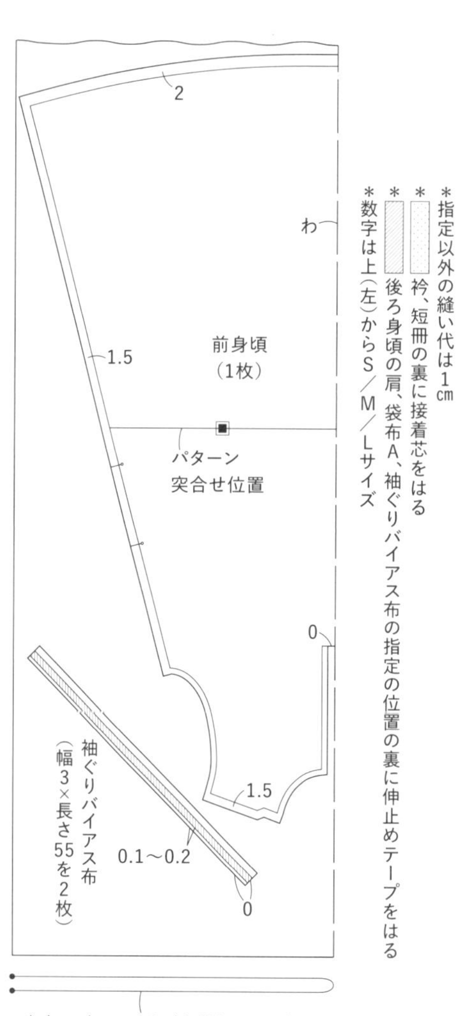

2
わ
1.5
前身頃
(1枚)
パターン
突合せ位置
0
1.5
袖ぐりバイアス布
(幅3×長さ55を2枚)
0.1～0.2
0
＊指定以外の縫い代は1cm
＊衿、短冊の裏に接着芯をはる
＊後ろ身頃の肩、袋布A、袖ぐりバイアス布の指定の位置の裏に伸止めテープをはる
＊数字は上(左)からS／M／Lサイズ

〈ブルー〉110cm幅(有効幅102cm)／120cm幅／120cm幅
〈キナリ〉112cm幅／120cm幅／120cm幅
※M、Lサイズは有効幅120cm以上の布地を使用してください。
パターンの配置はSサイズと同じです

1 前身頃のタックをたたむ

0.4
タックをたたみ、ハンドステッチでとめる
前身頃（表）
0.4

2 前あきを作る

②前身頃の裏に左右短冊を重ねて縫う
①アイロンで折り目をつける
①
前身頃（裏）
左短冊（裏）
右短冊（裏）
1.5
③左前身頃に切込みを入れる
③
（表）

→

前身頃（表）
右短冊（表）
左短冊（表）
1.5
0.1
④短冊を表側に返してステッチをかける
左短冊（表）
右短冊（表）
0.7 折る
④
（裏）

前身頃（表）
右短冊（表）
左短冊（表）
⑤右短冊を左短冊に重ねて仮どめする
0.5

→

前身頃（表）
右短冊（表）
左短冊（表）
⑥当て布を縫いつける
0.1
当て布（裏）
縫い代を折る

5 脇を縫う（p.35 折伏せ縫い参照）

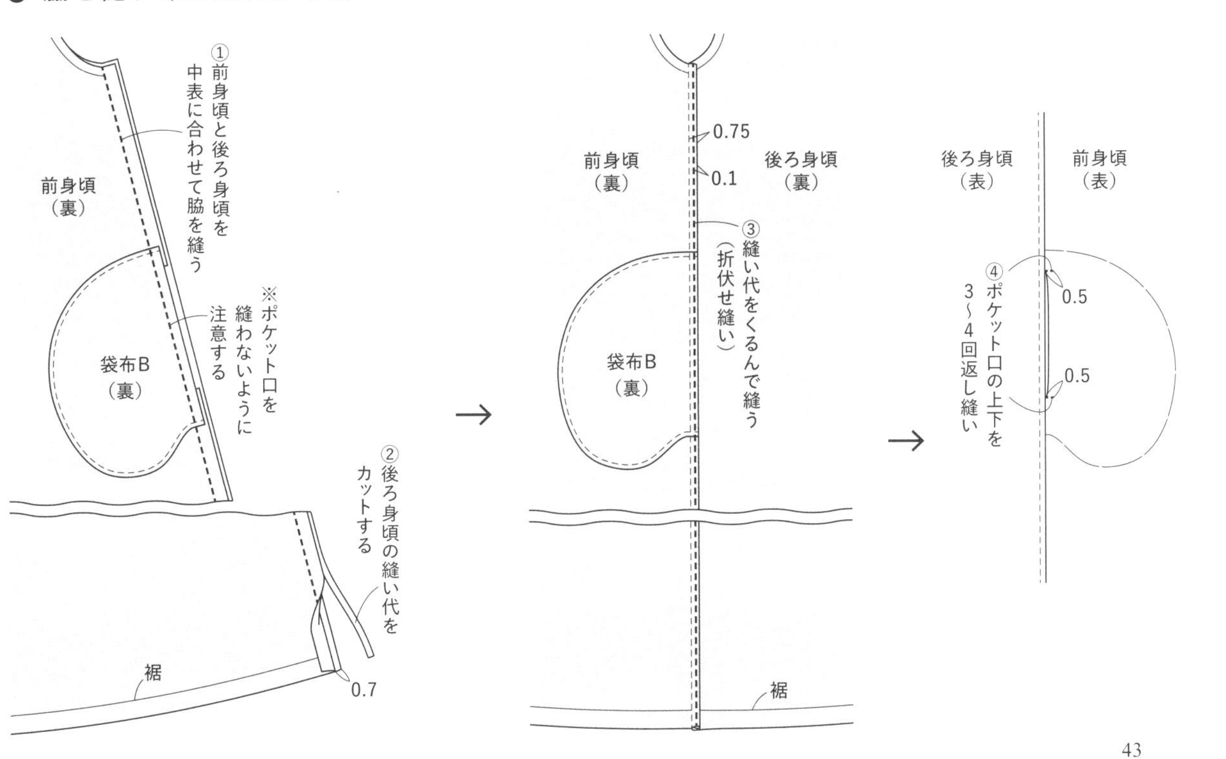
①前身頃と後ろ身頃を中表に合わせて脇を縫う
前身頃（裏）
袋布B（裏）
※ポケット口を縫わないように注意する
②後ろ身頃の縫い代をカットする
裾
0.7
→
前身頃（裏）
後ろ身頃（裏）
0.75
0.1
③縫い代をくるんで縫う（折伏せ縫い）
袋布B（裏）
裾
→
後ろ身頃（表）
前身頃（表）
④ポケット口の上下を3～4回返し縫い
0.5
0.5

6 袖ぐりを始末する（p.35 裏バインダー始末参照）

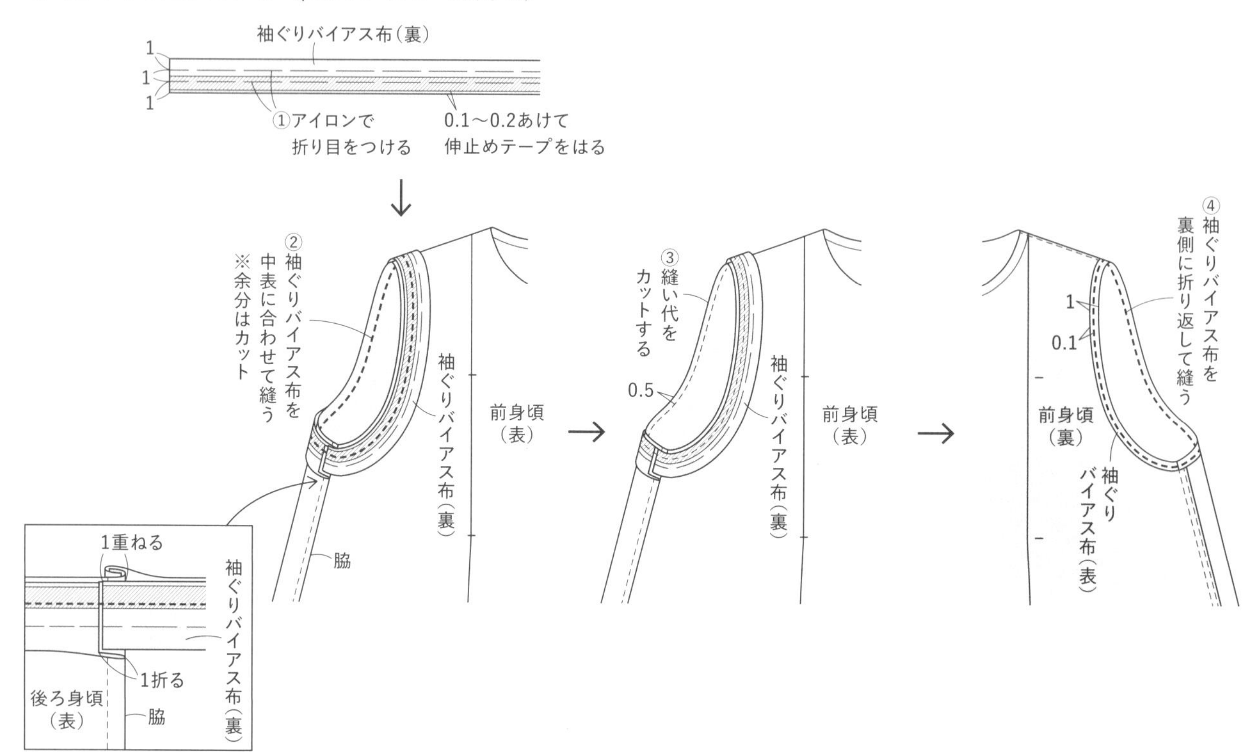
袖ぐりバイアス布（裏）
1
1
1
①アイロンで
折り目をつける
0.1〜0.2あけて
伸止めテープをはる
②袖ぐりバイアス布を
中表に合わせて縫う
※余分はカット
袖ぐりバイアス布（裏）
前身頃
（表）
脇
1重ねる
1折る
後ろ身頃
（表）
脇
袖ぐりバイアス布（裏）
③縫い代を
カットする
0.5
袖ぐりバイアス布（裏）
前身頃
（表）
④袖ぐりバイアス布を
裏側に折り返して縫う
1
0.1
前身頃
（裏）
袖ぐり
バイアス布
（表）

7 衿を作る

②表衿と裏衿を
中表に合わせて縫う

表衿
（表）

③縫い代を
カットする

※出来上りまで縫う

①裏衿にアイロンで
折り目をつける

裏衿（裏）

0.5にカット　0.3にカット

（裏）

※カーブ部分から
0.3にカットする

④表に返す

裏衿（表）

折る

表衿（裏）

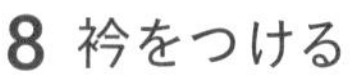

8 衿をつける

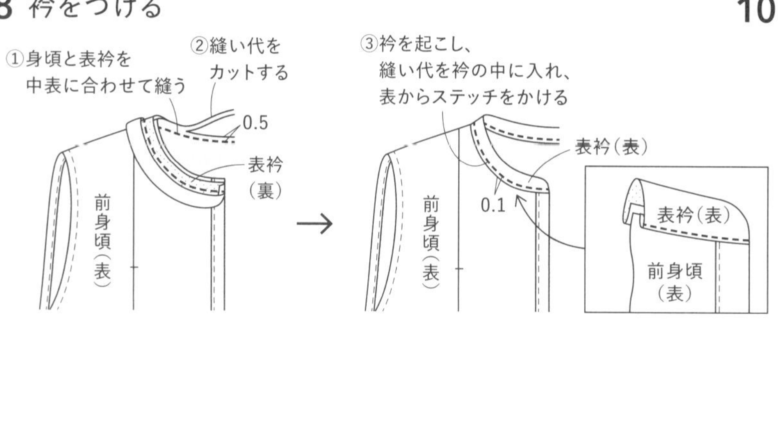
①身頃と表衿を
中表に合わせて縫う
②縫い代を
カットする
0.5
表衿
（裏）
前身頃
（表）
③衿を起こし、
縫い代を衿の中に入れ、
表からステッチをかける
表衿（表）
0.1
前身頃
（表）
表衿（表）
前身頃
（表）

10 右身頃にボタンホールを作り、左身頃にボタンをつける

（p.35 ボタンホールの印つけ参照）
※衿は横穴、身頃は縦穴

ボタンホール

ボタン

前身頃
（表）

No 04

ヌネリーワンピース［ハーフスリーブ］

NUNNERY DRESS ［ HALF SLEEVE ］

photo ⟶ p.16

実物大パターンB面

修道女が着る清楚なワンピースをイメージ。身幅はゆったりめでも、ウエスト回りにタックを入れることでルーズすぎないデザインに。ベルトをつければフォーマルなシーンにも。

材料 ※左からS／M／Lサイズ

表布　洗いこまれたベルギーリネン異番手ローン（3／サックス）
…108cm幅 330／380／380cm

接着芯…110cm幅 70cm

伸止めテープ…1.2cm幅 240cm

ボタン…直径 0.9cm 1個

出来上り寸法 ※左からS／M／Lサイズ

バスト…104／112／120cm

着丈…118／120／122cm

袖丈…20／20.5／21cm

縫い方順序

1 ループを作る…p.38-1 ①～③参照
2 ベルトを作る
3 後ろあきを作る
4 前、後ろ身頃のタックを縫う
5 脇にポケットを作る…p.38-3 参照
6 肩を縫う…p.52-1 参照（伸止めテープはなし）
7 袖をつける
8 袖下～身頃の脇を縫う…p.40-6 参照
9 袖口を三つ折りにして縫う
10 裾を三つ折りにして縫う…p.50-11 参照
11 衿ぐりを始末する

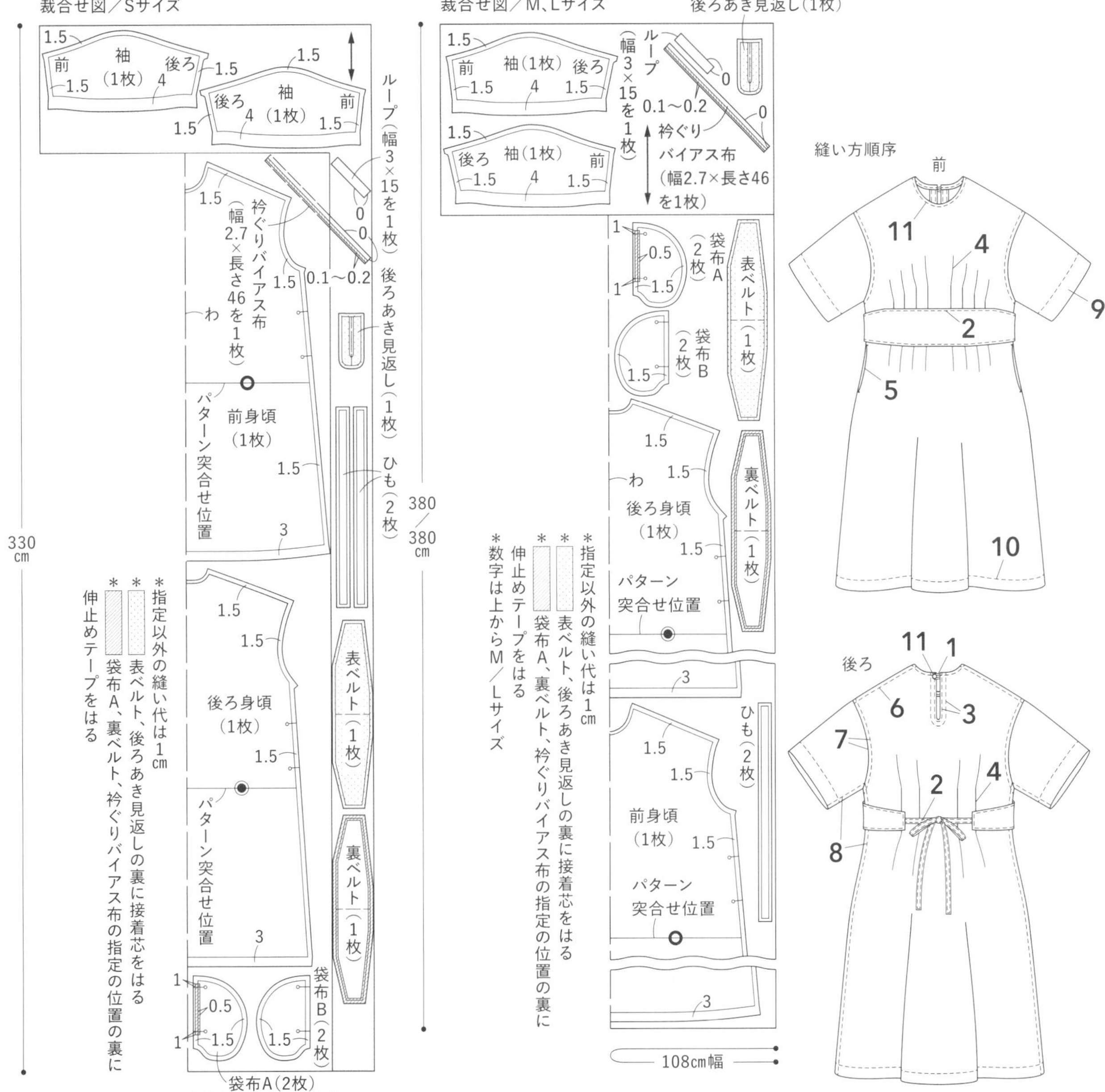

裁合せ図／Sサイズ
袖（1枚）
前
後ろ
ループ（幅3×15を1枚）
衿ぐりバイアス布（幅2.7×長さ46を1枚）
0.1～0.2
後ろあき見返し（1枚）
ひも（2枚）
わ
前身頃（1枚）
パターン突合せ位置
後ろ身頃（1枚）
表ベルト（1枚）
裏ベルト（1枚）
袋布A（2枚）
袋布B（2枚）
330cm
108cm幅
＊指定以外の縫い代は1cm
＊ 表ベルト、後ろあき見返しの裏に接着芯をはる
＊ 袋布A、裏ベルト、衿ぐりバイアス布の指定の位置の裏に伸止めテープをはる
裁合せ図／M、Lサイズ
後ろあき見返し（1枚）
ループ（幅3×15を1枚）
衿ぐりバイアス布（幅2.7×長さ46を1枚）
袋布A（2枚）
袋布B（2枚）
表ベルト（1枚）
裏ベルト（1枚）
後ろ身頃（1枚）
前身頃（1枚）
ひも（2枚）
380 380cm
108cm幅
＊指定以外の縫い代は1cm
＊ 表ベルト、後ろあき見返しの裏に接着芯をはる
＊ 袋布A、裏ベルト、衿ぐりバイアス布の指定の位置の裏に伸止めテープをはる
＊数字は上からM／Lサイズ
縫い方順序
前
後ろ

2 ベルトを作る

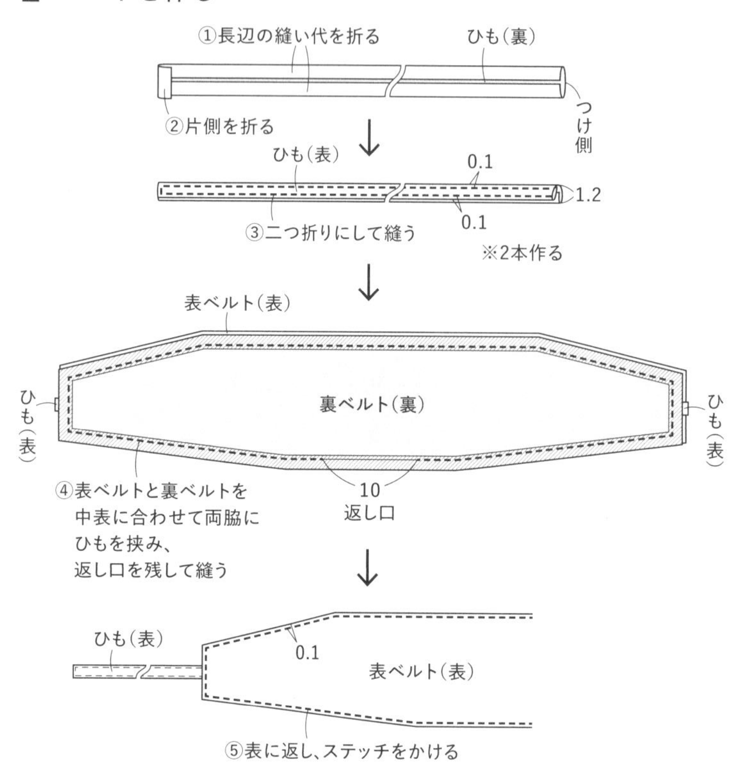
①長辺の縫い代を折る
ひも(裏)
②片側を折る
つけ側
ひも(表)
0.1
1.2
0.1
③二つ折りにして縫う
※2本作る
表ベルト(表)
裏ベルト(裏)
ひも(表)
ひも(表)
④表ベルトと裏ベルトを中表に合わせて両脇にひもを挟み、返し口を残して縫う
10
返し口
ひも(表)
0.1
表ベルト(表)
⑤表に返し、ステッチをかける

3 後ろあきを作る

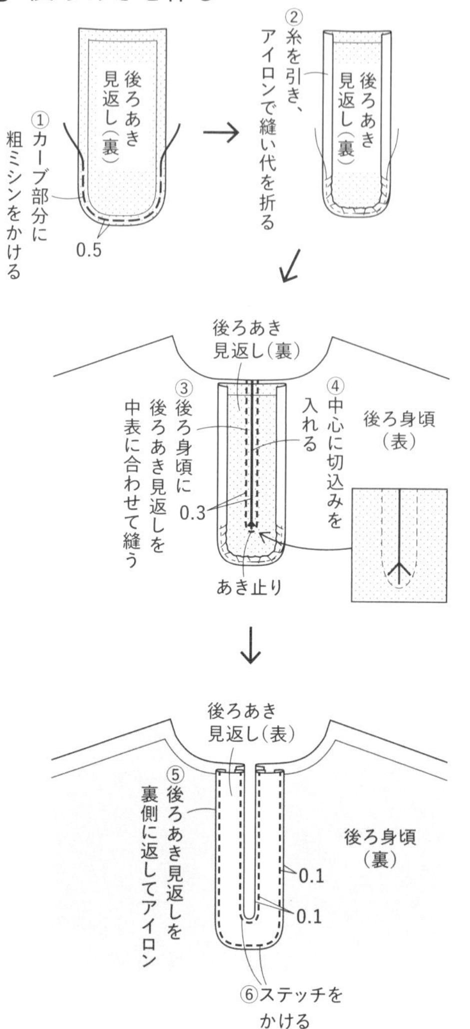
後ろあき見返し(裏)
①カーブ部分に粗ミシンをかける
0.5
②糸を引き、アイロンで縫い代を折る
後ろあき見返し(裏)
後ろあき見返し(裏)
③後ろ身頃に後ろあき見返しを中表に合わせて縫う
④中心に切込みを入れる
後ろ身頃(表)
0.3
あき止り
後ろあき見返し(表)
⑤後ろあき見返しを裏側に返してアイロン
後ろ身頃(裏)
0.1
0.1
⑥ステッチをかける

4 前、後ろ身頃のタックを縫う

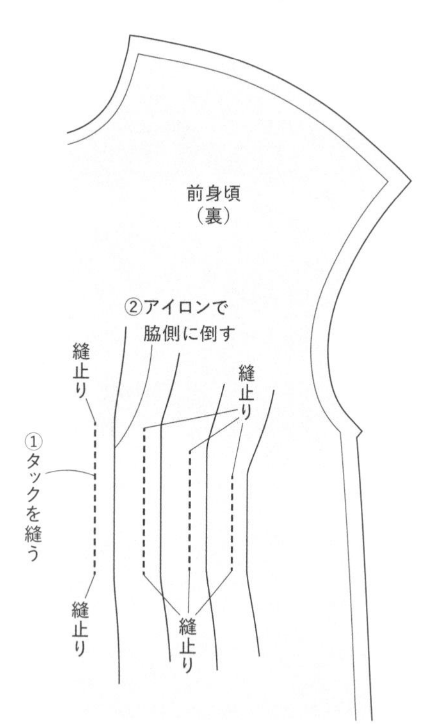
前身頃(裏)
②アイロンで脇側に倒す
縫止り
①タックを縫う
縫止り
縫止り
縫止り

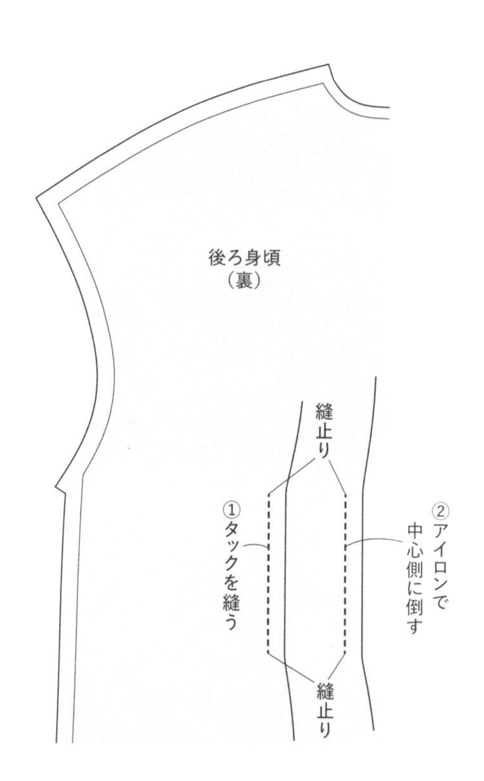
後ろ身頃(裏)
縫止り
①タックを縫う
②アイロンで中心側に倒す
縫止り

7 袖をつける（p.35 折伏せ縫い参照）

9 袖口を三つ折りにして縫う

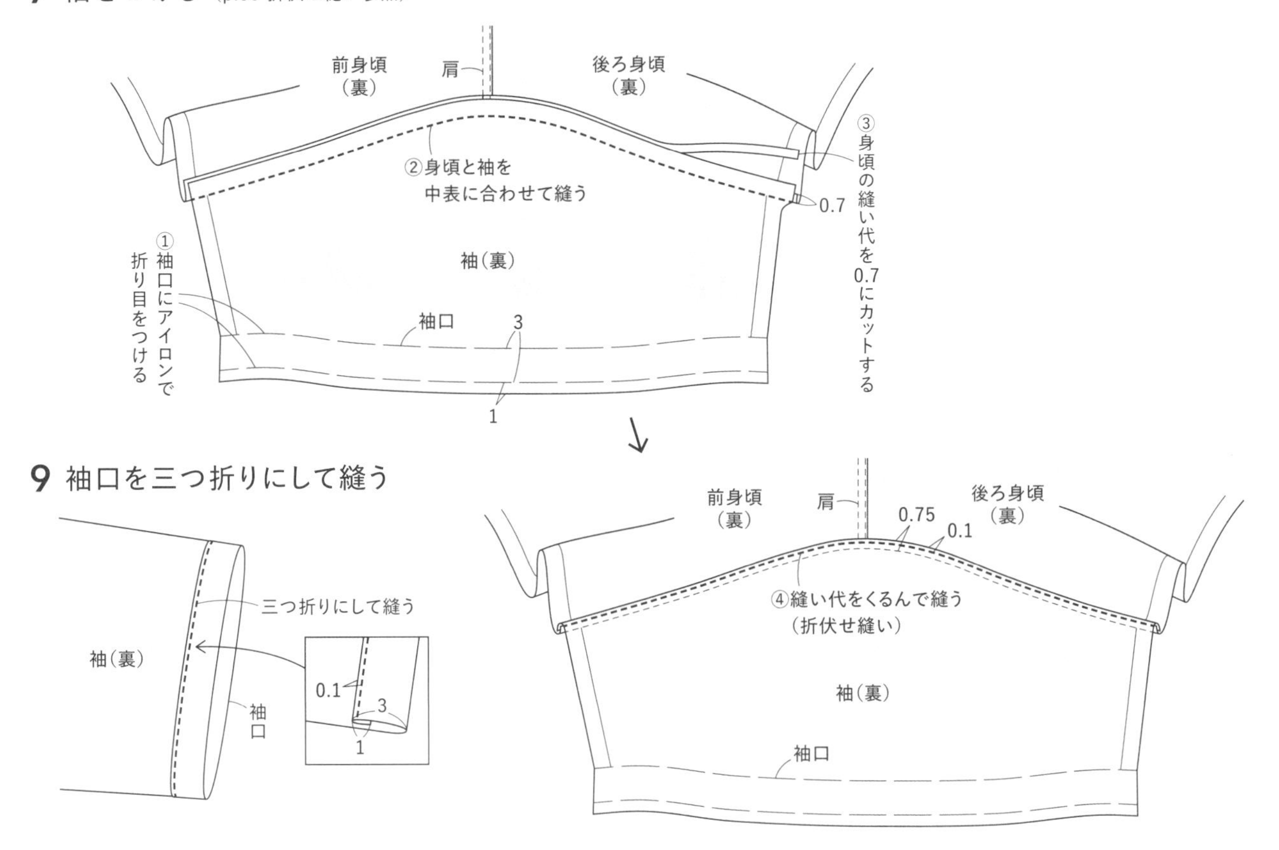

前身頃（裏）
肩
後ろ身頃（裏）
②身頃と袖を中表に合わせて縫う
③身頃の縫い代を0.7にカットする
0.7
①袖口にアイロンで折り目をつける
袖（裏）
袖口
3
1
前身頃（裏）
肩
0.75
0.1
後ろ身頃（裏）
④縫い代をくるんで縫う（折伏せ縫い）
袖（裏）
袖口
三つ折りにして縫う
袖（裏）
袖口
0.1
3
1

11 衿ぐりを始末する（p.35 裏バインダー始末参照）

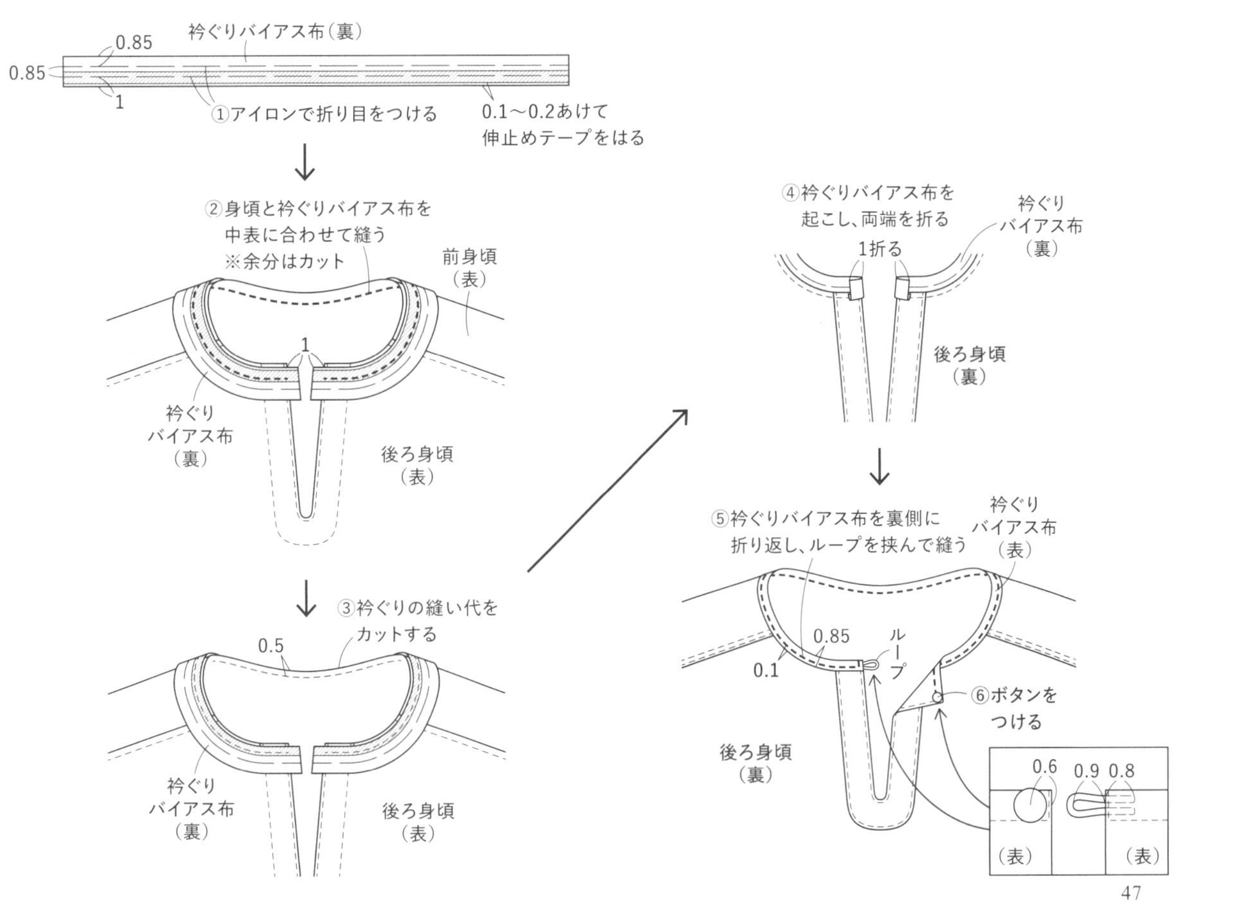

衿ぐりバイアス布（裏）
0.85
0.85
1
①アイロンで折り目をつける
0.1〜0.2あけて伸止めテープをはる
②身頃と衿ぐりバイアス布を中表に合わせて縫う
※余分はカット
前身頃（表）
1
衿ぐりバイアス布（裏）
後ろ身頃（表）
③衿ぐりの縫い代をカットする
0.5
衿ぐりバイアス布（裏）
後ろ身頃（表）
④衿ぐりバイアス布を起こし、両端を折る
1折る
衿ぐりバイアス布（裏）
後ろ身頃（裏）
⑤衿ぐりバイアス布を裏側に折り返し、ループを挟んで縫う
衿ぐりバイアス布（表）
0.85
0.1
ループ
⑥ボタンをつける
後ろ身頃（裏）
0.6
0.9
0.8
（表）
（表）

No 05

ノースリーブタックローブワンピース

SLEEVELESS TUCK ROBE DRESS

photo ⟶ p.20

実物大パターンC面

オールシーズン着られるカシュクール風のローブ。前後の身頃にタックを入れ、表情豊かに仕上げました。ロングベストのような感覚で、気軽に着てほしい一着です。

材料 ※左からS／M／Lサイズ

表布　オリジナル麻40番手（10／チャコール）
…108cm幅350／450／450cm

接着芯…110cm幅210cm

伸止めテープ…1.2cm幅260cm

ボタン…直径1cm2個

糸ループ用…30番手縫い糸

出来上り寸法 ※左からS／M／Lサイズ

バスト…101／109／117cm

着丈…119／121／123cm

縫い方順序

1 前身頃のタックを縫う
2 後ろ身頃のタックを縫う…p.62-**2** ①②参照
3 肩を縫う…p.52-**1** 参照
4 脇を縫う
5 ひも通し布を作る…p.53-**5** ①参照
6 ウエストベルトを作り、縫いつける
7 袖ぐりを始末する…p.44-**6** 参照
8 ポケットを作り、つける
9 表見返しの肩を縫う
10 身頃と表見返しを縫い合わせる
11 裾を三つ折りにして縫う
12 ひもを作る
13 ボタンと糸ループをつける

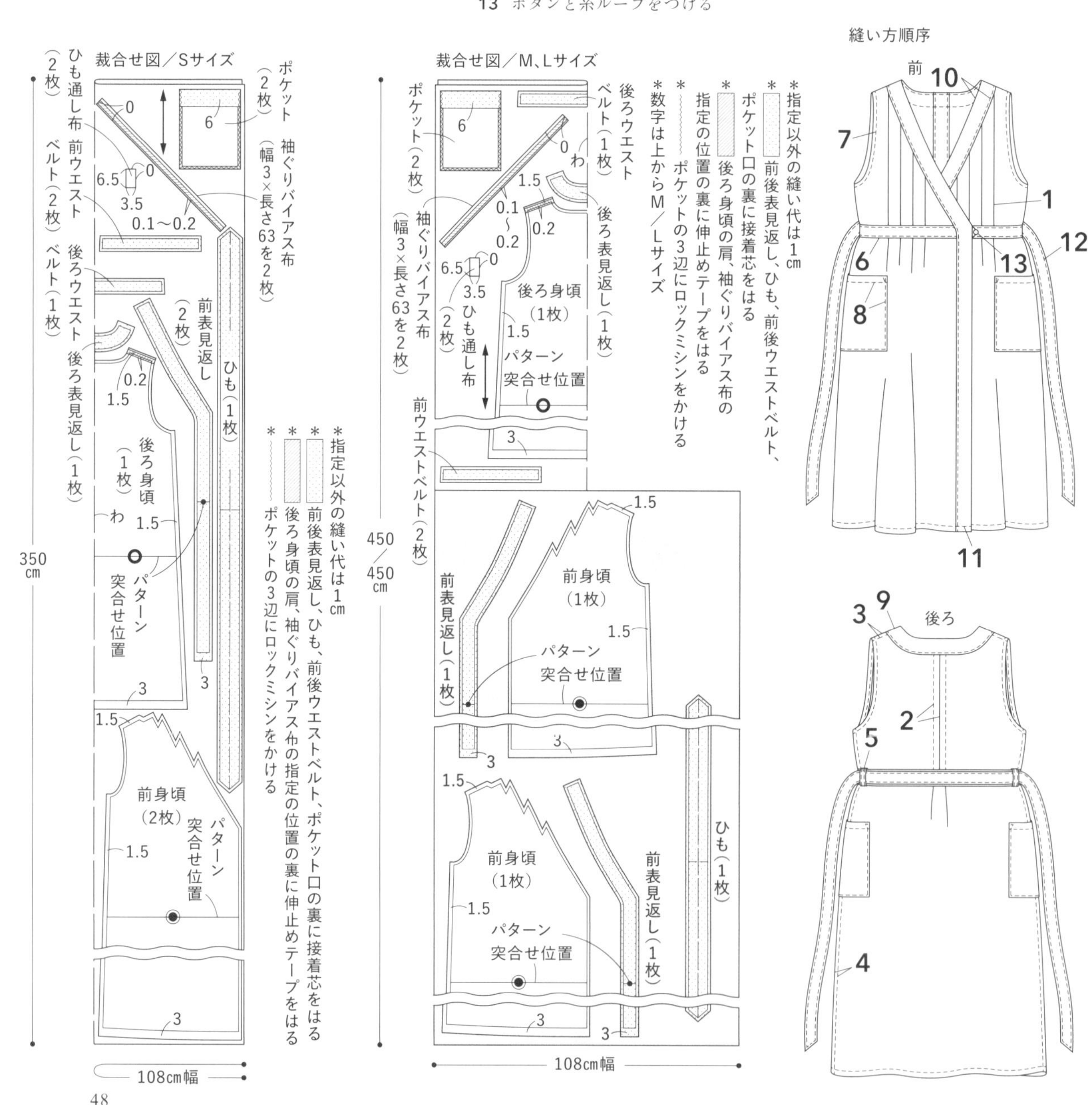

裁合せ図／Sサイズ
ひも通し布（2枚）
前ウエストベルト（2枚）
後ろウエストベルト（1枚）
後ろ表見返し（1枚）
ポケット（2枚）
袖ぐりバイアス布（幅3×長さ63を2枚）
前表見返し（2枚）
ひも（1枚）
後ろ身頃（1枚）
パターン突合せ位置
前身頃（2枚）
わ
350cm
108cm幅
*指定以外の縫い代は1cm
*前後表見返し、ひも、前後ウエストベルト、ポケット口の裏に接着芯をはる
*後ろ身頃の肩、袖ぐりバイアス布の指定の位置の裏に伸止めテープをはる
*ポケットの3辺にロックミシンをかける
裁合せ図／M、Lサイズ
ポケット（2枚）
後ろウエストベルト（1枚）
袖ぐりバイアス布（幅3×長さ63を2枚）
ひも通し布（2枚）
後ろ表見返し（1枚）
後ろ身頃（1枚）
前ウエストベルト（2枚）
前表見返し（1枚）
前身頃（1枚）
ひも（1枚）
450 450cm
108cm幅
*指定以外の縫い代は1cm
*前後表見返し、ひも、前後ウエストベルト、ポケット口の裏に接着芯をはる
*後ろ身頃の肩、袖ぐりバイアス布の指定の位置の裏に伸止めテープをはる
*ポケットの3辺にロックミシンをかける
*数字は上からM／Lサイズ
縫い方順序
前
後ろ

1 前身頃のタックを縫う

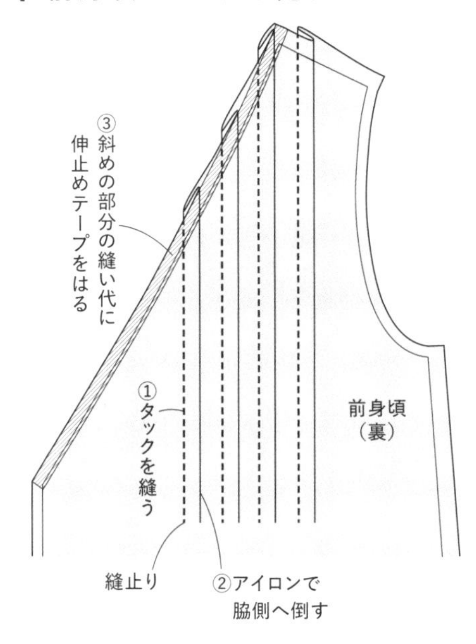
③斜めの部分の縫い代に
伸止めテープをはる
①タックを縫う
前身頃
（裏）
縫止り
②アイロンで
脇側へ倒す

4 脇を縫う（p.35 折伏せ縫い参照）

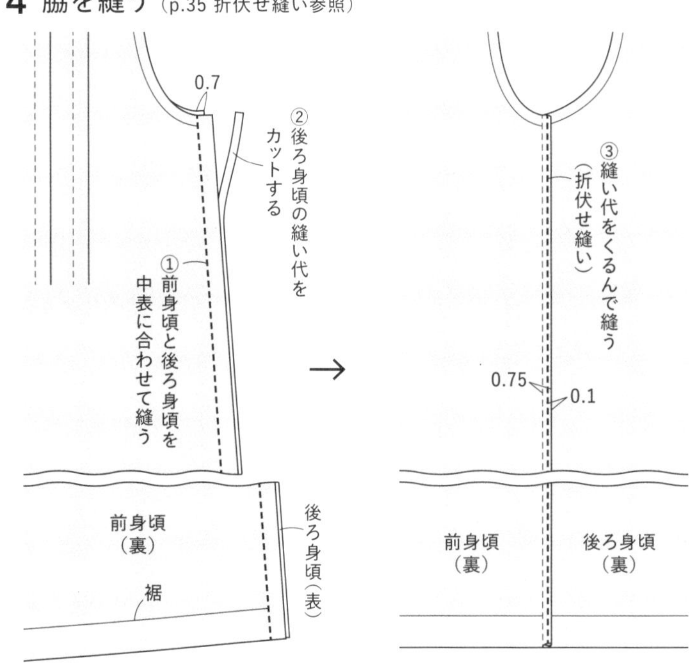
0.7
②後ろ身頃の縫い代を
カットする
①前身頃と後ろ身頃を
中表に合わせて縫う
前身頃
（裏）
裾
後ろ身頃（表）
③縫い代をくるんで縫う
（折伏せ縫い）
0.75
0.1
前身頃
（裏）
後ろ身頃
（裏）

6 ウエストベルトを作り、縫いつける

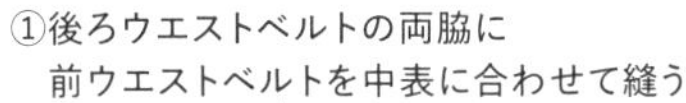
①後ろウエストベルトの両脇に
前ウエストベルトを中表に合わせて縫う

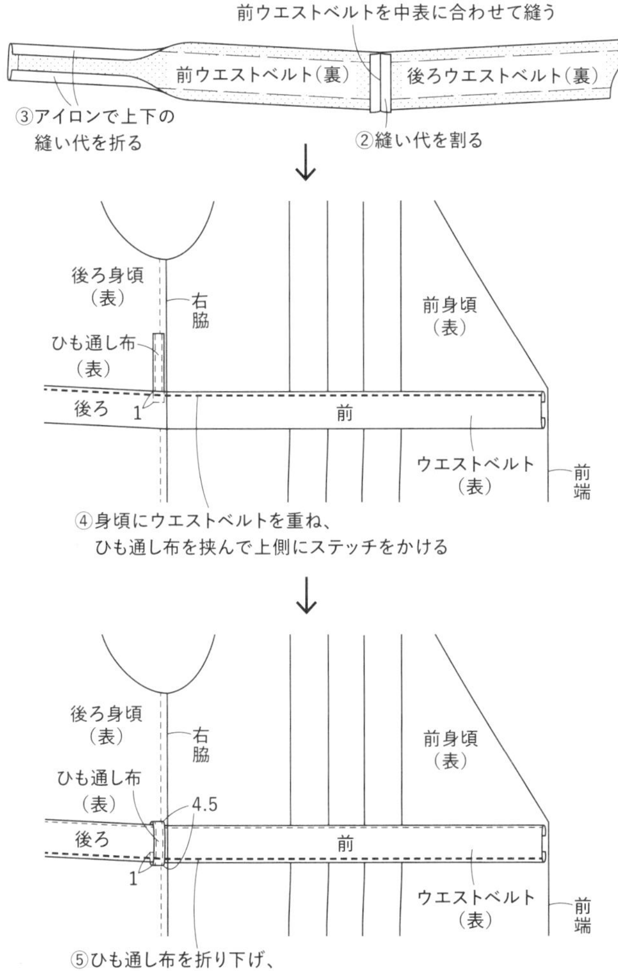
前ウエストベルト（裏）
後ろウエストベルト（裏）
③アイロンで上下の
縫い代を折る
②縫い代を割る
後ろ身頃
（表）
右
脇
ひも通し布
（表）
後ろ
1
前
前身頃
（表）
ウエストベルト
（表）
前
端
④身頃にウエストベルトを重ね、
ひも通し布を挟んで上側にステッチをかける
後ろ身頃
（表）
右
脇
ひも通し布
（表）
4.5
後ろ
1
前
前身頃
（表）
ウエストベルト
（表）
前
端
⑤ひも通し布を折り下げ、
下側を1折り込み、ステッチをかける

8 ポケットを作り、つける

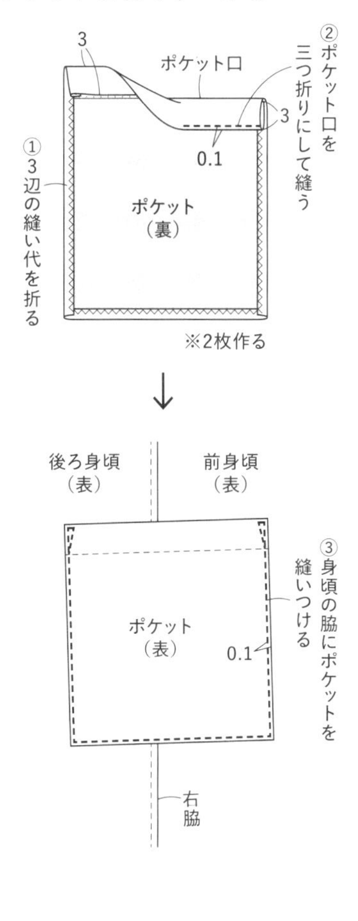
3
ポケット口
②ポケット口を
三つ折りにして縫う
3
0.1
①3辺の縫い代を折る
ポケット
（裏）
※2枚作る
後ろ身頃
（表）
前身頃
（表）
③身頃の脇にポケットを
縫いつける
ポケット
（表）
0.1
右
脇

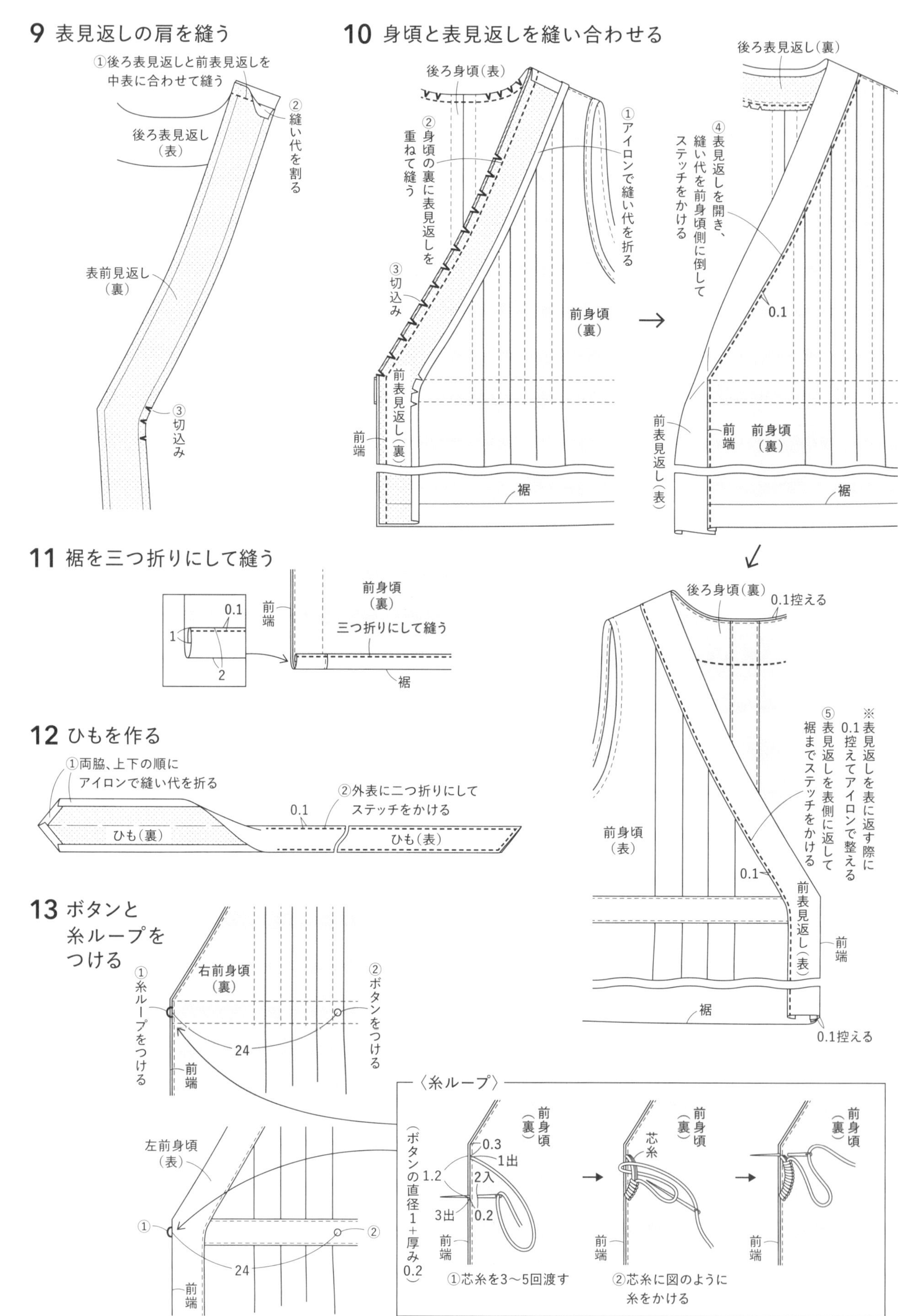
9 表見返しの肩を縫う
①後ろ表見返しと前表見返しを中表に合わせて縫う
②縫い代を割る
後ろ表見返し（表）
表前見返し（裏）
③切込み
10 身頃と表見返しを縫い合わせる
後ろ身頃（表）
②身頃の裏に表見返しを重ねて縫う
①アイロンで縫い代を折る
③切込み
前身頃（裏）
前表見返し（裏）
前端
裾
後ろ表見返し（裏）
④表見返しを開き、縫い代を前身頃側に倒してステッチをかける
0.1
前表見返し（表）
前端
前身頃（裏）
裾
11 裾を三つ折りにして縫う
0.1
1
2
前端
前身頃（裏）
三つ折りにして縫う
裾
後ろ身頃（裏）
0.1控える
※表見返しを表に返す際に0.1控えてアイロンで整える
⑤表見返しを表側に返して裾までステッチをかける
前身頃（表）
0.1
前表見返し（表）
前端
裾
0.1控える
12 ひもを作る
①両脇、上下の順にアイロンで縫い代を折る
②外表に二つ折りにしてステッチをかける
0.1
ひも（裏）
ひも（表）
13 ボタンと糸ループをつける
右前身頃（裏）
①糸ループをつける
②ボタンをつける
24
前端
左前身頃（表）
①
②
24
前端
〈糸ループ〉
（ボタンの直径1＋厚み0.2）
前身頃（裏）
0.3
1出
1.2
2入
3出
0.2
前端
①芯糸を3〜5回渡す
芯糸
②芯糸に図のように糸をかける

No
06

エプロンドレス
APRON DRESS

photo ⟶ p.18

実物大パターンA面

エプロンスタイルを普段着にも取り入れて。アーミッシュの人々が身につけているようなシンプルなワンピースにストンと重ね着するのがおすすめです。

材料 ※フリーサイズ
表布 天日干しリネン40番手
(TL4400-OW／オフホワイト)…114cm幅280cm
接着芯…110cm幅55cm
伸止めテープ…1.2cm幅290cm

出来上り寸法
着丈…113cm

縫い方順序
1 肩を縫う
2 衿ぐりと袖ぐりを始末する
3 前スカートのタックを仮どめする
4 前、後ろスカートの裾と脇を始末する
5 ひも通し布を作り、表後ろウエストベルトに仮どめする
6 後ろウエストベルトと後ろ身頃を縫い合わせる
7 後ろウエストベルトと後ろスカートを縫い合わせる
8 前ウエストベルトとひもを縫う
9 前ウエストベルトと前身頃を縫い合わせる
10 前ウエストベルトと前スカートを縫い合わせる

裁合せ図

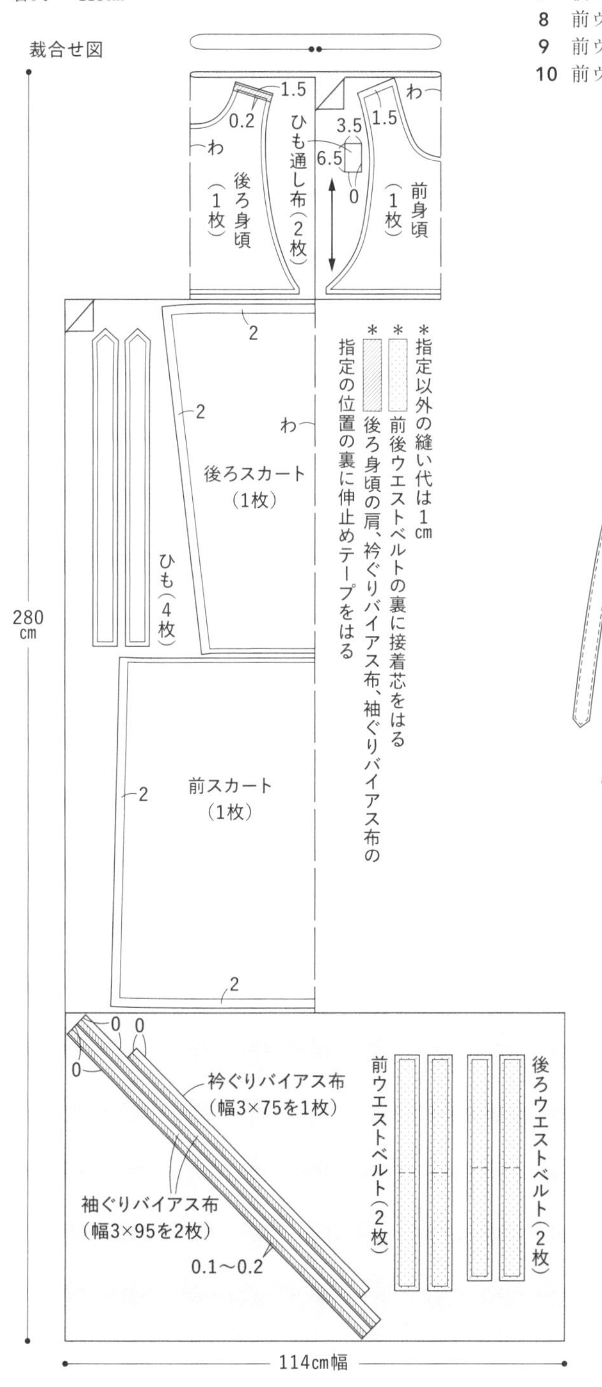
1.5
0.2
わ
後ろ身頃(1枚)
ひも通し布(2枚)
3.5
6.5
0
1.5
前身頃(1枚)
わ
2
2
わ
後ろスカート(1枚)
ひも(4枚)
280cm
2
前スカート(1枚)
2
＊指定以外の縫い代は1cm
＊前後ウエストベルトの裏に接着芯をはる
＊後ろ身頃の肩、衿ぐりバイアス布、袖ぐりバイアス布の指定の位置の裏に伸止めテープをはる
0
0
0
衿ぐりバイアス布(幅3×75を1枚)
袖ぐりバイアス布(幅3×95を2枚)
0.1〜0.2
前ウエストベルト(2枚)
後ろウエストベルト(2枚)
114cm幅

縫い方順序

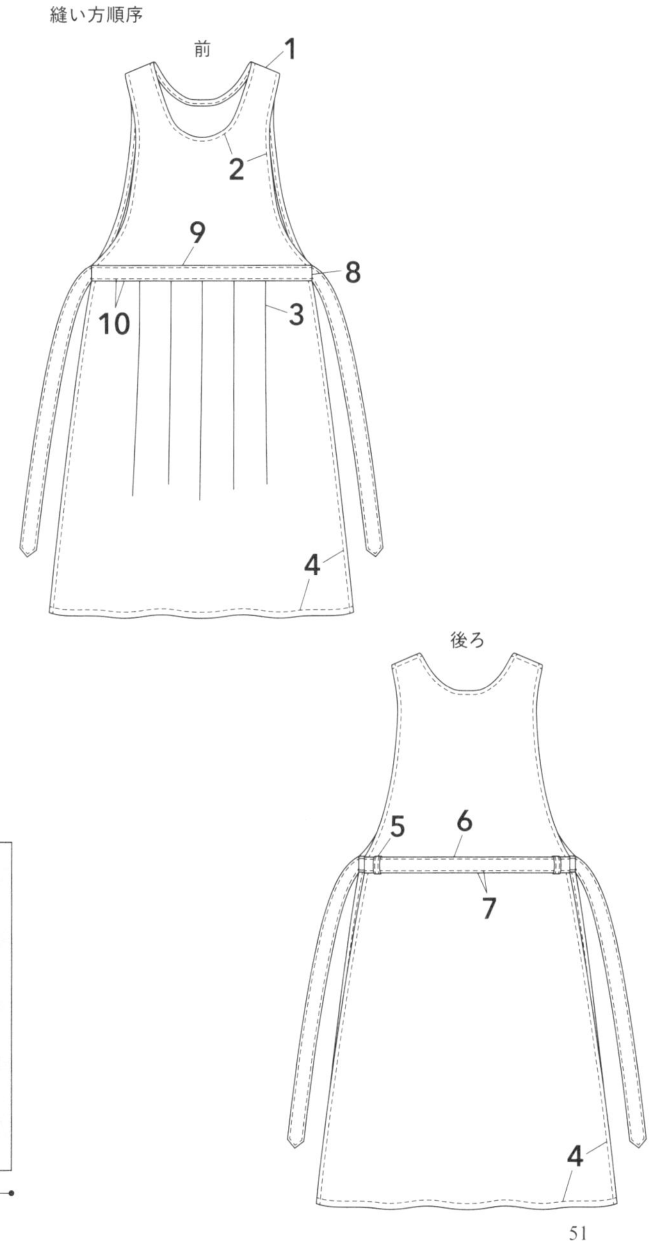
前
1
2
9
8
10
3
4
後ろ
5
6
7
4

1 肩を縫う（p.35 折伏せ縫い参照）

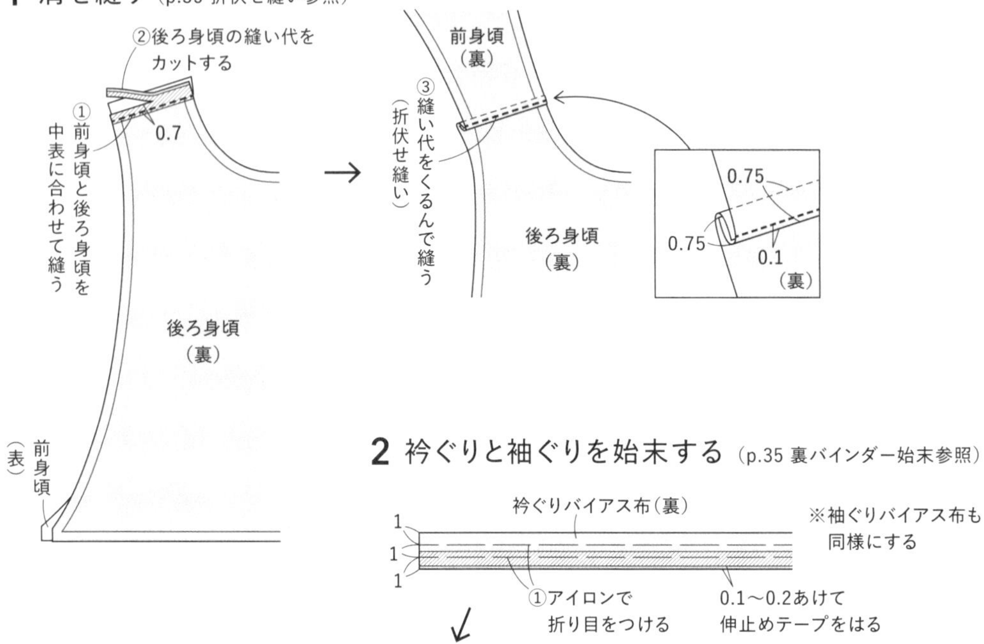

②後ろ身頃の縫い代をカットする
①前身頃と後ろ身頃を中表に合わせて縫う
0.7
後ろ身頃（裏）
前身頃（表）
前身頃（裏）
③縫い代をくるんで縫う（折伏せ縫い）
後ろ身頃（裏）
0.75
0.75
0.1
（裏）

2 衿ぐりと袖ぐりを始末する（p.35 裏バインダー始末参照）

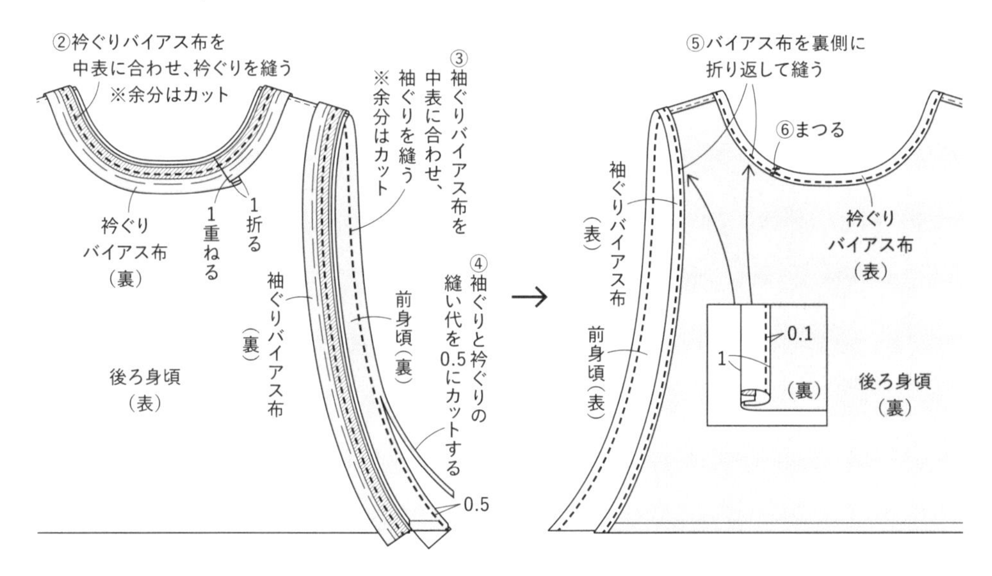

衿ぐりバイアス布（裏）
1
1
1
①アイロンで折り目をつける
0.1〜0.2あけて伸止めテープをはる
※袖ぐりバイアス布も同様にする
②衿ぐりバイアス布を中表に合わせ、衿ぐりを縫う
※余分はカット
1折る
1重ねる
衿ぐりバイアス布（裏）
③袖ぐりバイアス布を中表に合わせ、袖ぐりを縫う
※余分はカット
④袖ぐりと衿ぐりの縫い代を0.5にカットする
0.5
袖ぐりバイアス布（裏）
前身頃（裏）
後ろ身頃（表）
⑤バイアス布を裏側に折り返して縫う
⑥まつる
衿ぐりバイアス布（表）
袖ぐりバイアス布（表）
前身頃（表）
0.1
1
（裏）
後ろ身頃（裏）

3 前スカートのタックを仮どめする

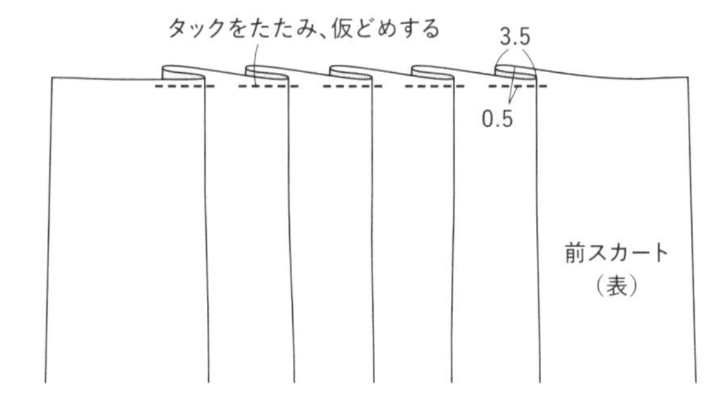

タックをたたみ、仮どめする
3.5
0.5
前スカート（表）

4 前、後ろスカートの裾と脇を始末する

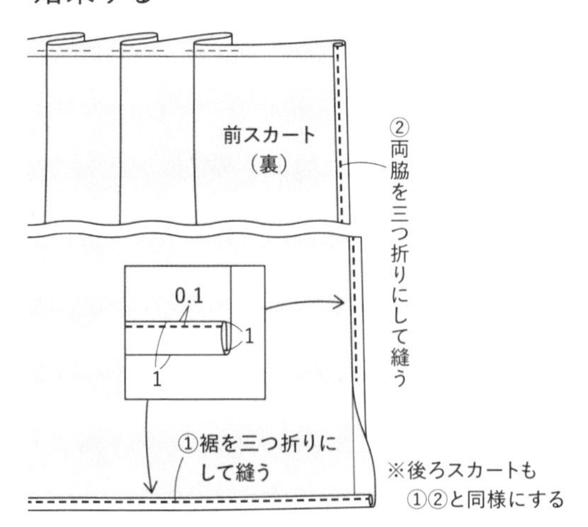

前スカート（裏）
②両脇を三つ折りにして縫う
0.1
1
1
①裾を三つ折りにして縫う
※後ろスカートも①②と同様にする

5 ひも通し布を作り、表後ろウエストベルトに仮どめする

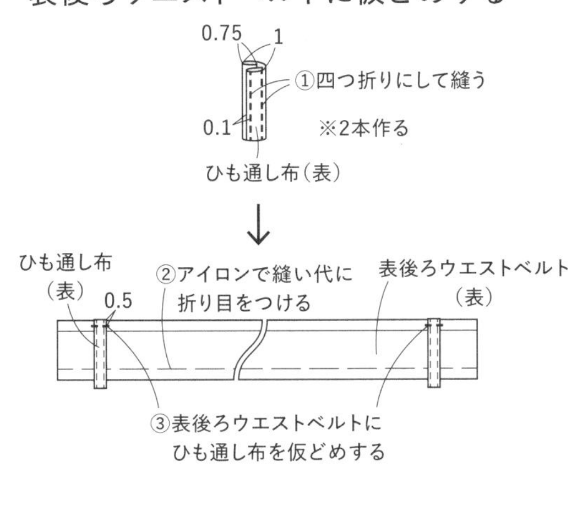
0.75
1
①四つ折りにして縫う
0.1
※2本作る
ひも通し布（表）
ひも通し布（表）
0.5
②アイロンで縫い代に折り目をつける
表後ろウエストベルト（表）
③表後ろウエストベルトにひも通し布を仮どめする

6 後ろウエストベルトと後ろ身頃を縫い合わせる

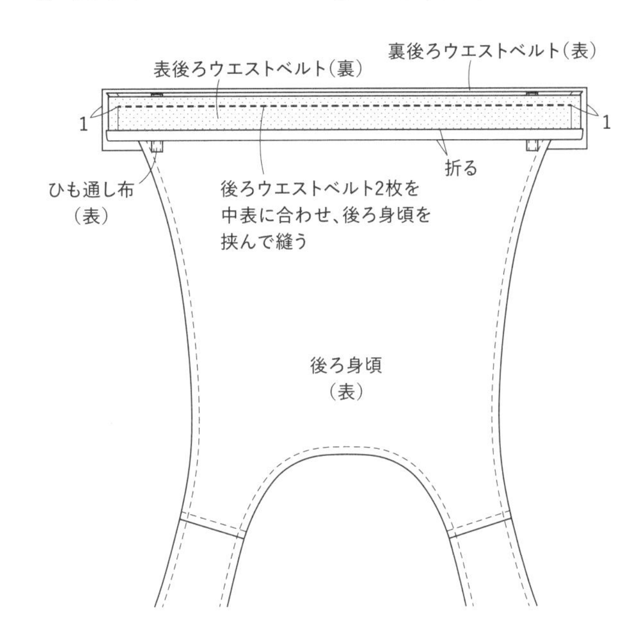
表後ろウエストベルト（裏）
裏後ろウエストベルト（表）
1
1
折る
ひも通し布（表）
後ろウエストベルト2枚を中表に合わせ、後ろ身頃を挟んで縫う
後ろ身頃（表）

7 後ろウエストベルトと後ろスカートを縫い合わせる

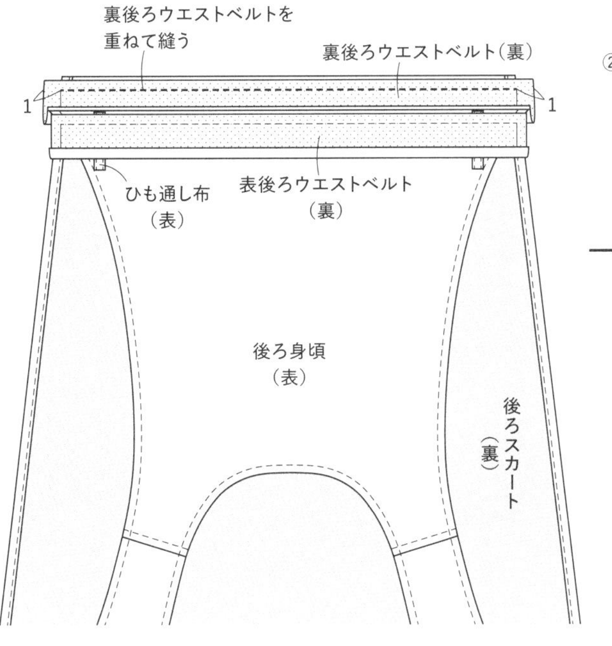
①後ろスカートの裏に裏後ろウエストベルトを重ねて縫う
裏後ろウエストベルト（裏）
1
1
ひも通し布（表）
表後ろウエストベルト（裏）
後ろ身頃（表）
後ろスカート（裏）

→

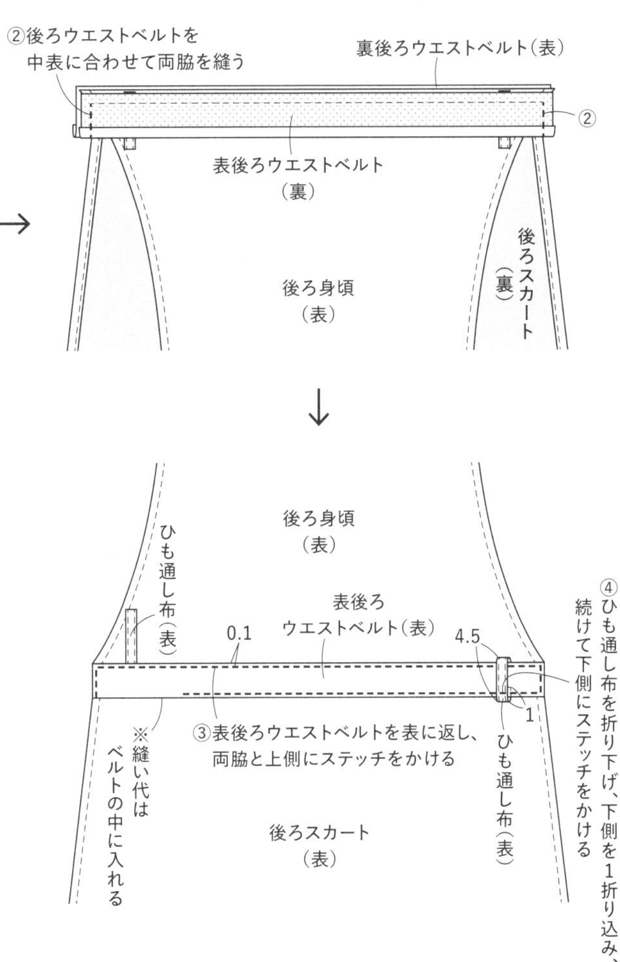
②後ろウエストベルトを中表に合わせて両脇を縫う
裏後ろウエストベルト（表）
②
表後ろウエストベルト（裏）
後ろ身頃（表）
後ろスカート（裏）
後ろ身頃（表）
ひも通し布（表）
表後ろウエストベルト（表）
0.1
4.5
1
④ひも通し布を折り下げ、下側を1折り込み、続けて下側にステッチをかける
③表後ろウエストベルトを表に返し、両脇と上側にステッチをかける
※縫い代はベルトの中に入れる
ひも通し布（表）
後ろスカート（表）

8 前ウエストベルトとひもを縫う

①前ウエストベルトとひもを
中表に合わせて縫う
ひも(裏)
①
ひも(裏)
前ウエストベルト(裏)
②縫い代を割る
※もう1枚の前ウエストベルトも
①②と同様に縫う

9 前ウエストベルトと前身頃を縫い合わせる

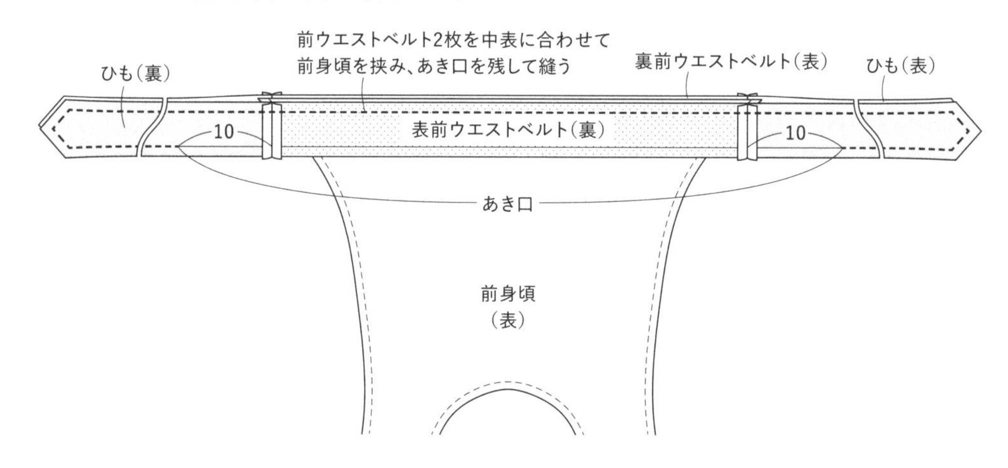
前ウエストベルト2枚を中表に合わせて
前身頃を挟み、あき口を残して縫う
ひも(裏)
裏前ウエストベルト(表)
ひも(表)
10
表前ウエストベルト(裏)
10
あき口
前身頃
(表)

10 前ウエストベルトと前スカートを縫い合わせる

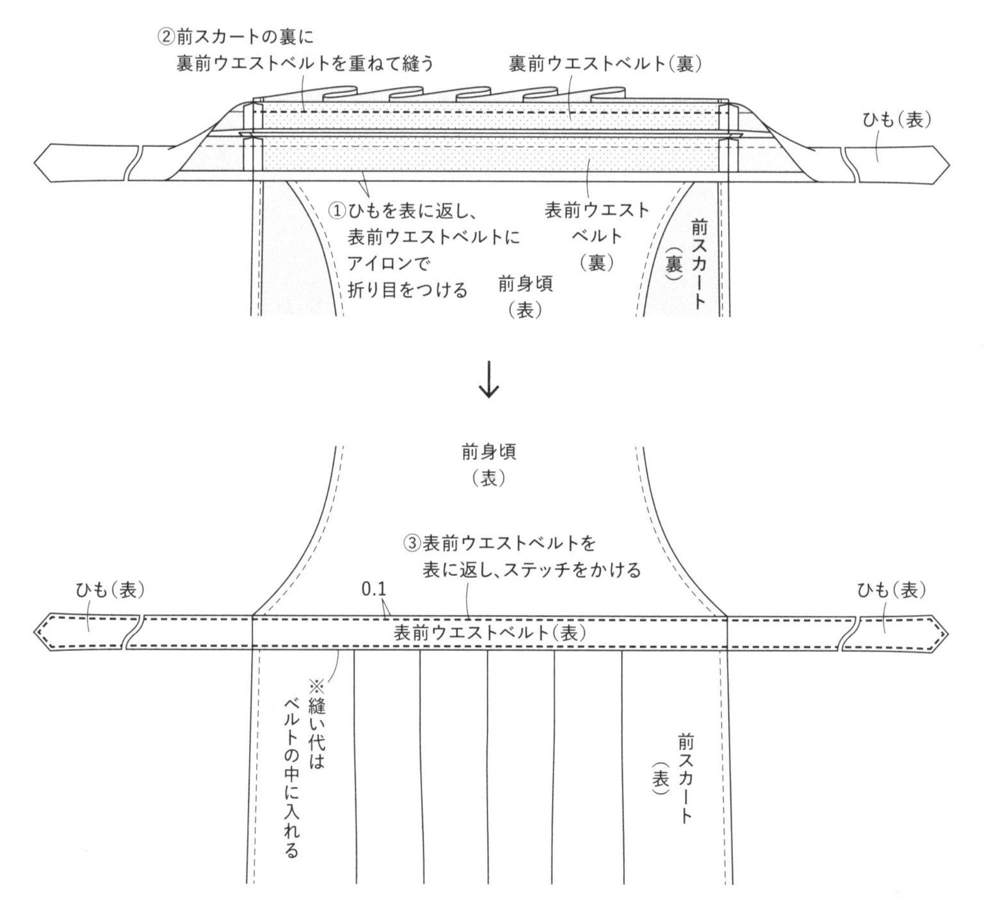
②前スカートの裏に
裏前ウエストベルトを重ねて縫う
裏前ウエストベルト(裏)
ひも(表)
①ひもを表に返し、
表前ウエストベルトに
アイロンで
折り目をつける
表前ウエスト
ベルト
(裏)
前身頃
(表)
前スカート(裏)
前身頃
(表)
③表前ウエストベルトを
表に返し、ステッチをかける
ひも(表)
0.1
ひも(表)
表前ウエストベルト(表)
※縫い代は
ベルトの中に入れる
前スカート
(表)

Nº
08

タブリエベスト［ショート］

TABLIER VEST ［ SHORT ］

photo ⟶ p.12

実物大パターン A 面

バックスタイルにポイントを持たせたベスト。後ろ身頃を裾に向かってハの字にカットし、スタンドカラーをつけることで締まった印象に仕上げました。

材料 ※S、M、L サイズ共通

表布　ワイド幅ベルギーリネン 60 番手
（OW ／オフホワイト）…142cm幅 100cm

接着芯 … 110cm幅 50cm

伸止めテープ … 1.2cm幅 260cm

出来上り寸法 ※左から S ／ M ／ L サイズ

バスト … 95 ／ 103 ／ 111cm

着丈 … 45.5 ／ 46.5 ／ 47.5cm

縫い方順序

1　リボンを作る … p.57-**1** 参照
2　後ろ身頃にリボンを仮どめする … p.57-**2** 参照
3　肩を縫う … p.52-**1** 参照
4　脇を縫う … p.49-**4** 参照
5　袖ぐりを始末する … p.57-**5** 参照
6　後ろ端と裾を始末する … p.57-**6** 参照
7　衿を作る … p.57-**7** 参照
8　衿をつける … p.44-**8** 参照

裁合せ図

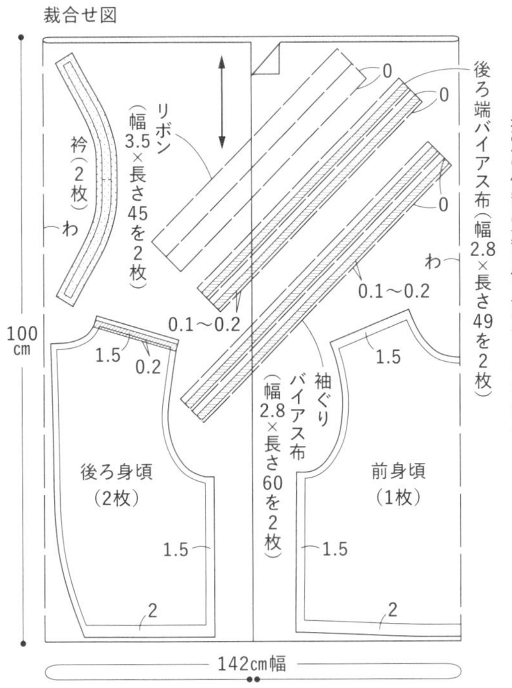

衿（2枚）
わ
リボン（幅3.5×長さ45を2枚）
0
0.1〜0.2
後ろ端バイアス布（幅2.8×長さ49を2枚）
100cm
1.5
0.2
後ろ身頃（2枚）
1.5
2
袖ぐりバイアス布（幅2.8×長さ60を2枚）
前身頃（1枚）
142cm幅

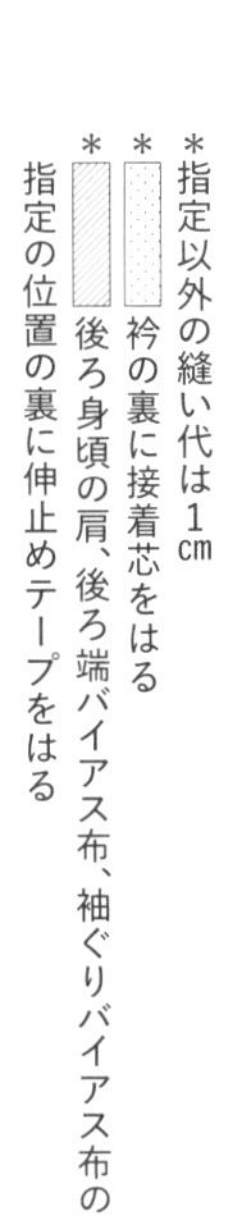

＊指定以外の縫い代は1cm
＊ 衿の裏に接着芯をはる
＊ 後ろ身頃の肩、後ろ端バイアス布、袖ぐりバイアス布の指定の位置の裏に伸止めテープをはる

縫い方順序

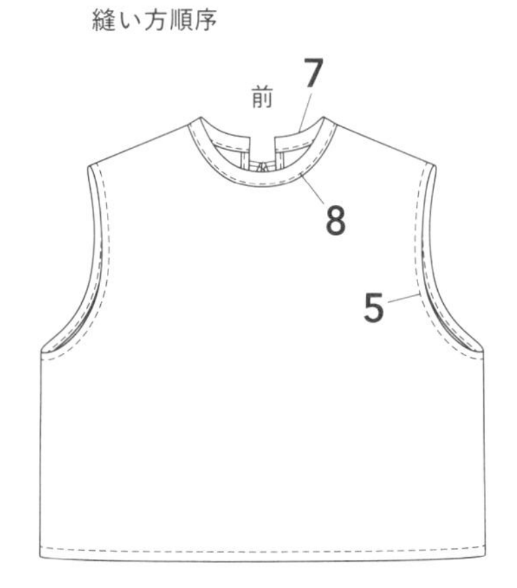

前
7
8
5

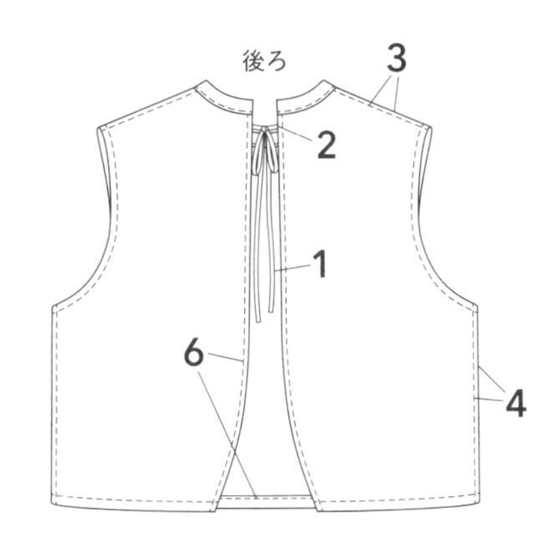

後ろ
3
2
1
6
4

タブリエベスト［ロング］

Nº 09 TABLIER VEST ［LONG］

photo ⟶ p.14

実物大パターンA面

Nº08を少し長めにアレンジし、リボンを２本にしました。ワンピースに重ねたり、カットソーと合わたり。手持ちのアイテムに一枚重ねるだけで、着こなしの幅が広がります。

材料　※S、M、Lサイズ共通
表布　ワイド幅ベルギーリネン60番手
（OW／オフホワイト）… 142cm幅 120cm
接着芯 … 110cm幅 50cm
伸止めテープ … 1.2cm幅 280cm

出来上り寸法　※左からS／M／Lサイズ
バスト … 95／103／111cm
着丈 … 56／57／58cm

縫い方順序
1　リボンを作る
2　後ろ身頃にリボンを仮どめする
3　肩を縫う … p.52-1 参照
4　脇を縫う … p.49-4 参照
5　袖ぐりを始末する
6　後ろ端と裾を始末する
7　衿を作る
8　衿をつける … p.44-8 参照

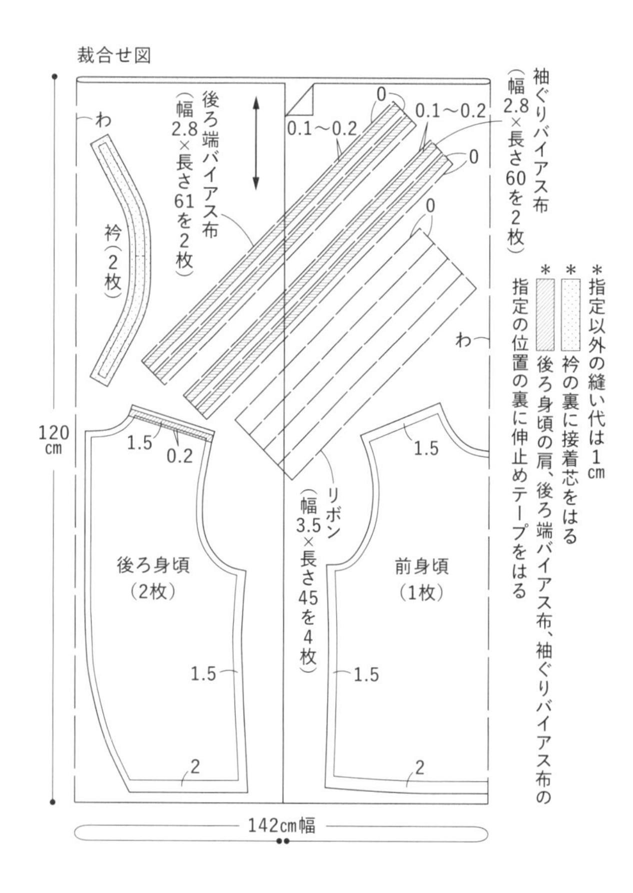
裁合せ図
わ
後ろ端バイアス布（幅2.8×長さ61を2枚）
衿（2枚）
0.1〜0.2
0
0.1〜0.2
0
0
袖ぐりバイアス布（幅2.8×長さ60を2枚）
わ
120cm
1.5
0.2
1.5
後ろ身頃（2枚）
リボン（幅3.5×長さ45を4枚）
前身頃（1枚）
1.5
1.5
2
2
142cm幅
＊指定以外の縫い代は1cm
＊衿の裏に接着芯をはる
＊後ろ身頃の肩、後ろ端バイアス布、袖ぐりバイアス布の指定の位置の裏に伸止めテープをはる

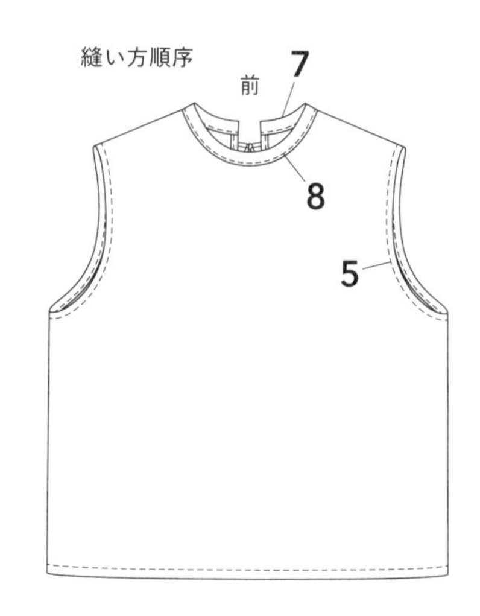
縫い方順序
前
7
8
5

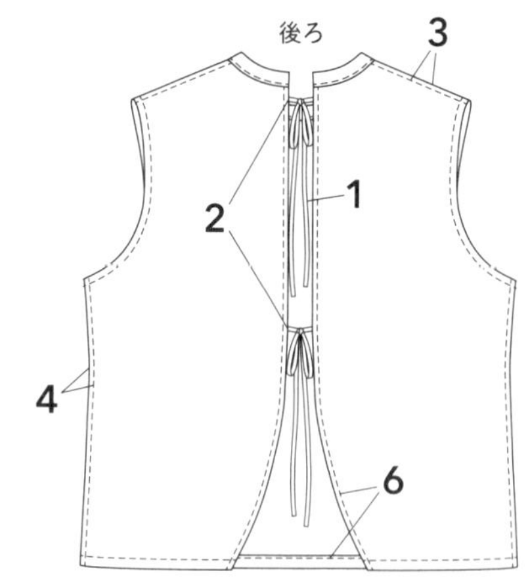
後ろ
3
1
2
4
6

1 リボンを作る

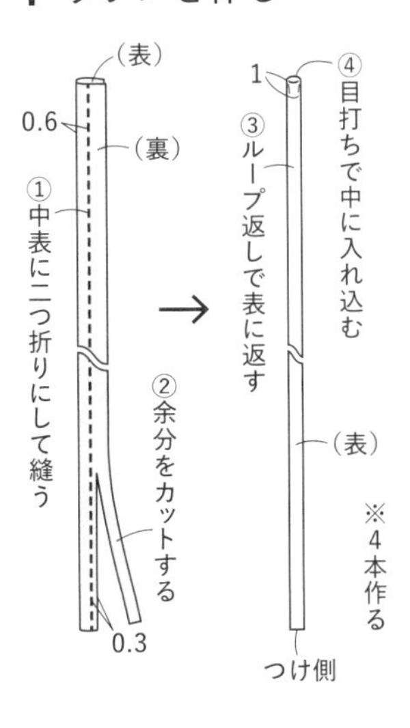

(表)
0.6
(裏)
①中表に二つ折りにして縫う
②余分をカットする
0.3
1
④目打ちで中に入れ込む
③ループ返しで表に返す
(表)
※4本作る
つけ側

2 後ろ身頃にリボンを仮どめする

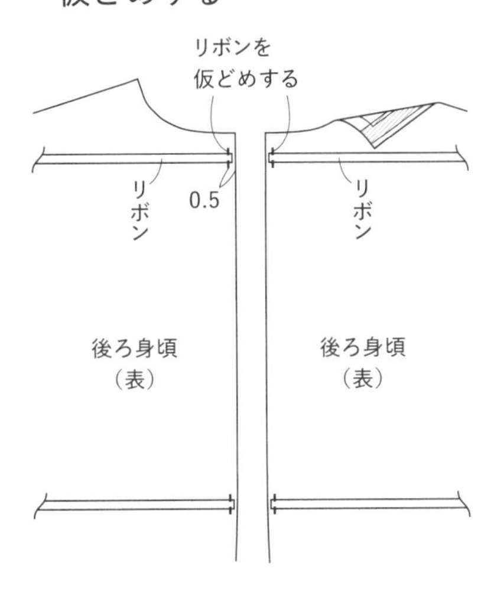

リボンを
仮どめする
リボン
0.5
リボン
後ろ身頃
(表)
後ろ身頃
(表)

5 袖ぐりを始末する

(p.35 裏バインダー始末参照)

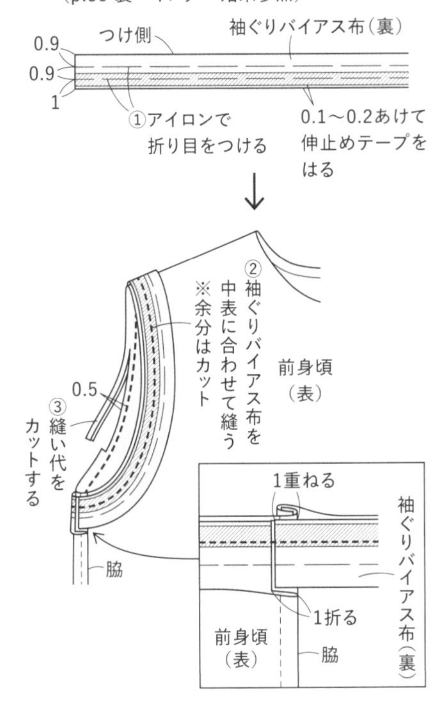

0.9
つけ側
袖ぐりバイアス布(裏)
0.9
1
①アイロンで
折り目をつける
0.1～0.2あけて
伸止めテープを
はる
②袖ぐりバイアス布を中表に合わせて縫う
※余分はカット
前身頃
(表)
0.5
③縫い代をカットする
1重ねる
袖ぐりバイアス布(裏)
脇
1折る
前身頃
(表)
脇

④袖ぐりバイアス布を裏側に折り返して縫う
袖ぐりバイアス布(表)
前身頃
(裏)
0.9
0.1
脇

6 後ろ端と裾を始末する

(p.35 裏バインダー始末参照)

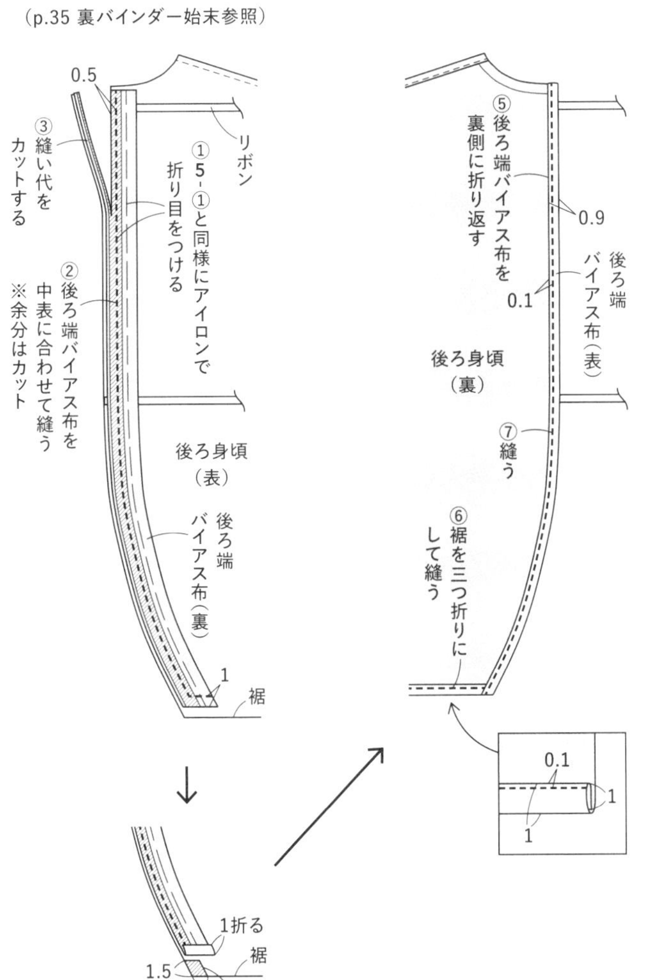

0.5
③縫い代をカットする
①5-①と同様にアイロンで折り目をつける
リボン
②後ろ端バイアス布を中表に合わせて縫う
※余分はカット
後ろ身頃
(表)
後ろ端バイアス布(裏)
1
裾
1折る
裾
1.5
1
④余分をカット
⑤後ろ端バイアス布を裏側に折り返す
0.9
0.1
後ろ端バイアス布(表)
後ろ身頃
(裏)
⑦縫う
⑥裾を三つ折りにして縫う
0.1
1
1

7 衿を作る

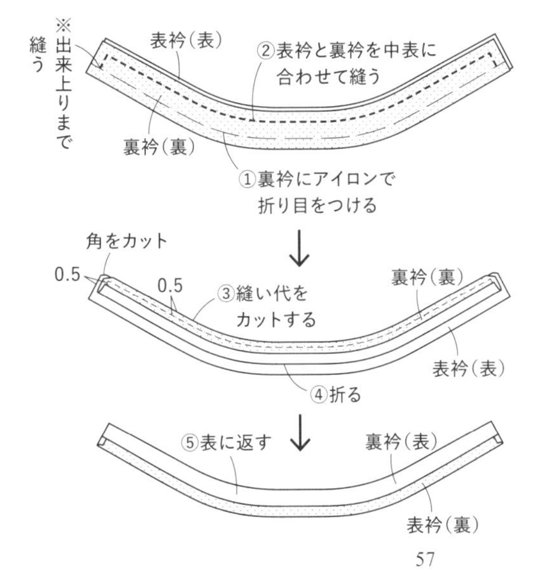

※出来上りまで縫う
表衿(表)
②表衿と裏衿を中表に合わせて縫う
裏衿(裏)
①裏衿にアイロンで折り目をつける
角をカット
0.5
0.5
③縫い代をカットする
裏衿(裏)
表衿(表)
④折る
⑤表に返す
裏衿(表)
表衿(裏)

ドルマンショートブラウス

No 07 DOLMAN SHORT BLOUSE

photo ⟶ p.22〜25

実物大パターンC面

ボタン側を前にすればはおりに、後ろにすればプルオーバーに。2WAYで楽しめるブラウスです。肩から袖の縫い代は、布端をフリンジ状にしてデザインのポイントに。

材料 ※左からS／M／Lサイズ

表布　綿シルクローン（5／チャコールグレー）
　…112cm幅（有効幅108cm幅）180／
　120cm幅200／200cm

※Sサイズは布幅を最大限に生かして裁断しています。

※M、Lサイズは有効幅120cm以上の布地を使用してください。

接着芯…10×50cm

伸止めテープ…1.2cm幅110cm（袖口、衿ぐりバイアス布）、
　1cm幅110cm（前身頃の肩）

ボタン…直径1cm 7個

出来上り寸法 ※左からS／M／Lサイズ

バスト…126／134／142cm

着丈…44／45／46cm

ゆき丈…72／75／78cm

縫い方順序

1 ループを作る…p.38-1 ①〜③参照
2 右前身頃にループを仮どめする
3 肩を縫う
4 前端を始末する
5 脇を縫う
6 裾を三つ折りにして縫う…p.50-11参照
　＊裾の仕上りを0.5cmの三つ折りにし、裾から0.4cm幅ステッチをかける
7 衿ぐりを始末する
8 袖を作る
9 袖をつける
10 左前身頃にボタンをつける

裁合せ図

衿ぐりバイアス布
（幅2.7×長さ60
を1枚）
0.1〜0.2
0
0
0.5
0
ループ
（幅3×長さ30を
1枚）
見返し（2枚）
0
袖
（2枚）
袖口
袖
（2枚）
袖口
わ
180
200
200
cm
1.3
後ろ身頃
（1枚）
1.3
0.3
1.3
※肩の接着芯は
表にはる
前身頃
（2枚）
0.5
1.3
＊指定以外の縫い代は1cm
＊見返しの裏に接着芯をはる
＊袖口、衿ぐりバイアス布の指定の位置の裏に伸止めテープをはる
＊数字は上からS／M／Lサイズ

112cm幅（有効幅108cm）／120cm幅／120cm幅

※M、Lサイズは有効幅120cm以上の布地を使用してください。
パターンの配置はSサイズと同じです

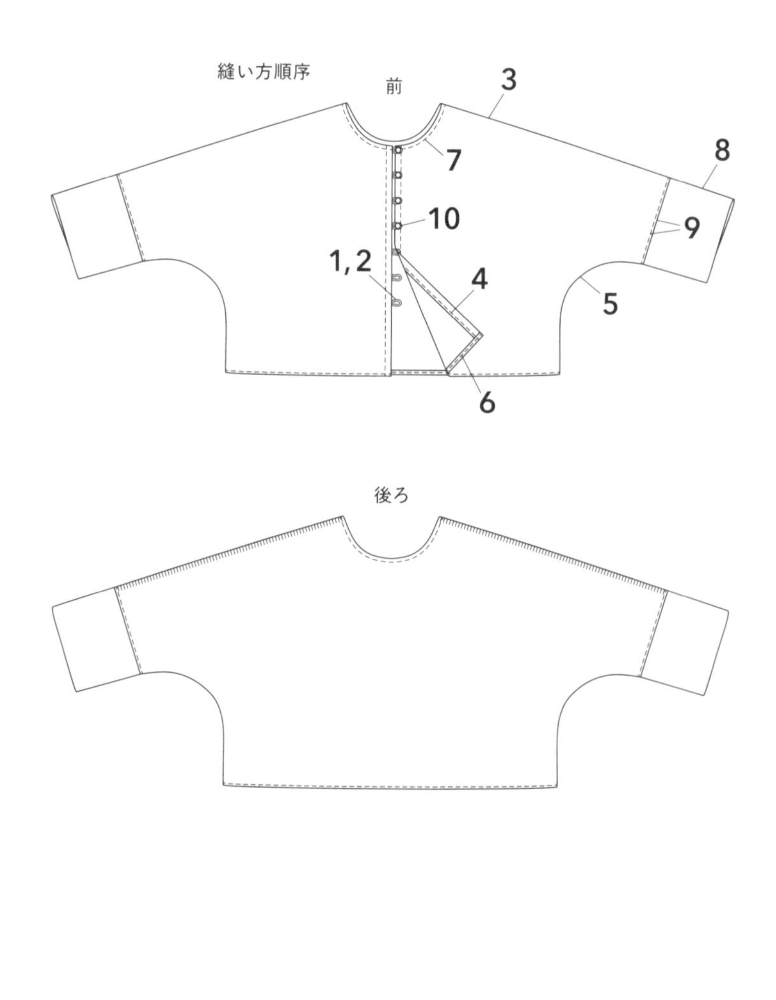
縫い方順序
前
3
7
8
10
9
1,2
4
5
6
後ろ

2 右前身頃にループを仮どめする

3 肩を縫う

4 前端を始末する

5 脇を縫う

（p.35 袋縫い参照）

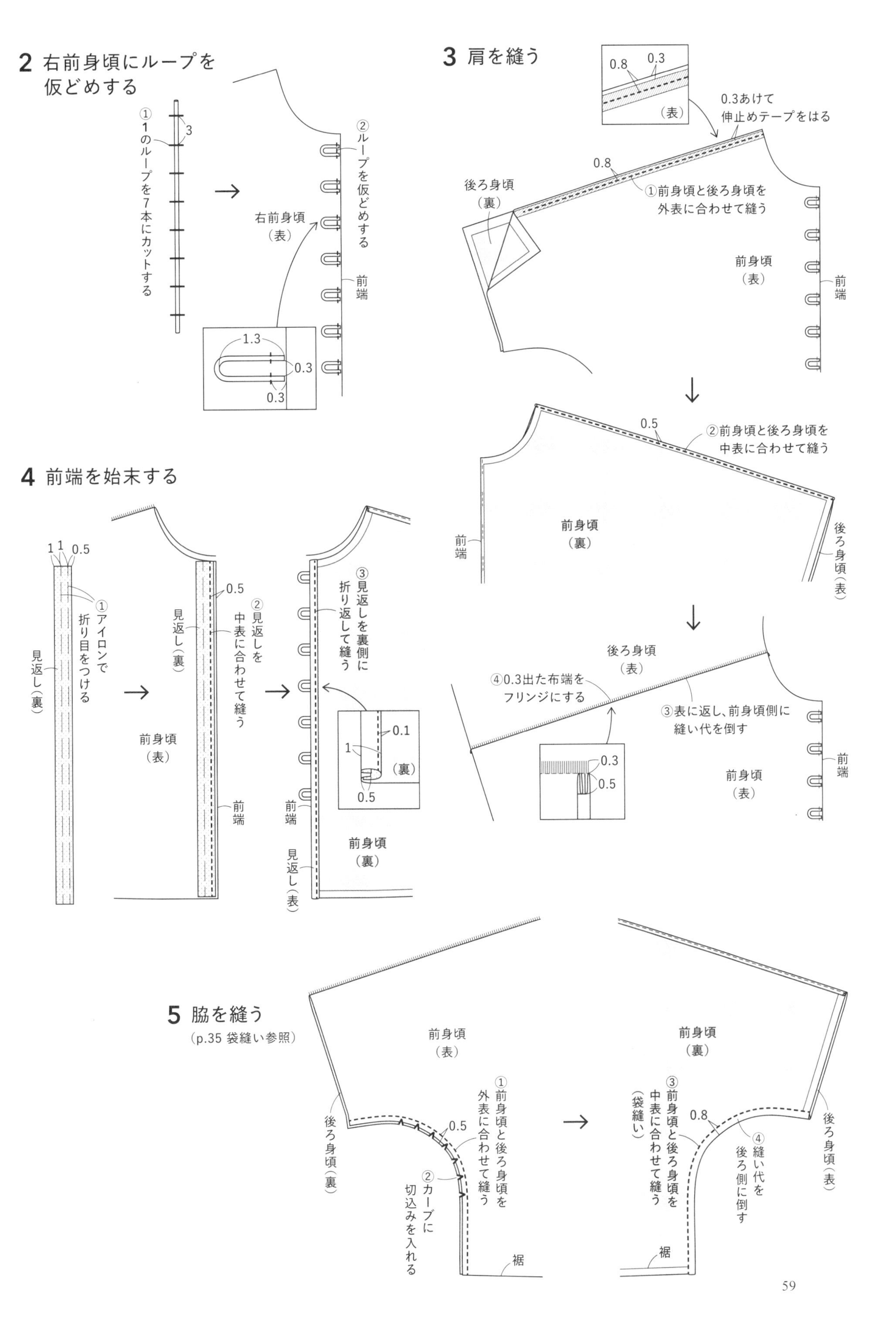
①1のループを7本にカットする
3
②ループを仮どめする
右前身頃（表）
前端
1.3
0.3
0.3
0.8
0.3
（表）
0.3あけて伸止めテープをはる
0.8
後ろ身頃（裏）
①前身頃と後ろ身頃を外表に合わせて縫う
前身頃（表）
前端
0.5
②前身頃と後ろ身頃を中表に合わせて縫う
前身頃（裏）
前端
後ろ身頃（表）
後ろ身頃（表）
④0.3出た布端をフリンジにする
③表に返し、前身頃側に縫い代を倒す
0.3
0.5
前身頃（表）
前端
1 1 0.5
①アイロンで折り目をつける
見返し（裏）
0.5
見返し（裏）
②見返しを中表に合わせて縫う
前身頃（表）
前端
③見返しを裏側に折り返して縫う
0.1
1
（裏）
0.5
前端
前身頃（裏）
見返し（表）
前身頃（表）
①前身頃と後ろ身頃を外表に合わせて縫う
0.5
後ろ身頃（裏）
②カーブに切込みを入れる
裾
前身頃（裏）
③前身頃と後ろ身頃を中表に合わせて縫う（袋縫い）
0.8
④縫い代を後ろ側に倒す
後ろ身頃（表）
裾

7 衿ぐりを始末する（p.35 裏バインダー始末参照）

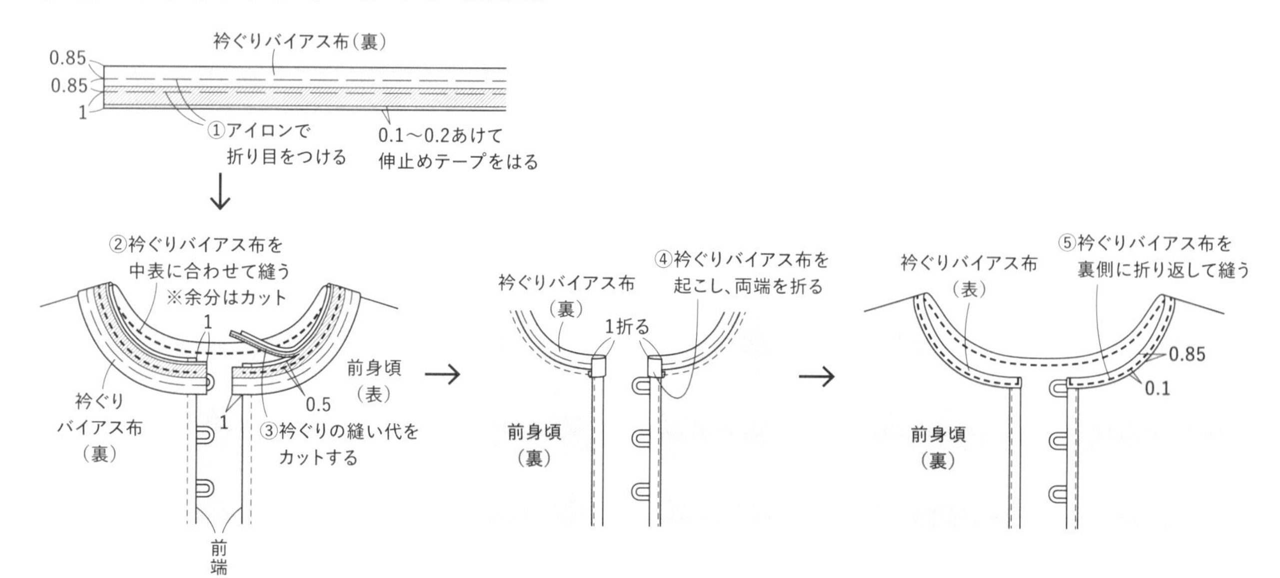

衿ぐりバイアス布（裏）
0.85
0.85
1
①アイロンで
折り目をつける
0.1〜0.2あけて
伸止めテープをはる
②衿ぐりバイアス布を
中表に合わせて縫う
※余分はカット
1
1
0.5
衿ぐり
バイアス布
（裏）
③衿ぐりの縫い代を
カットする
前身頃
（表）
前端
衿ぐりバイアス布
（裏）
④衿ぐりバイアス布を
起こし、両端を折る
1折る
前身頃
（裏）
衿ぐりバイアス布
（表）
⑤衿ぐりバイアス布を
裏側に折り返して縫う
0.85
0.1
前身頃
（裏）

8 袖を作る

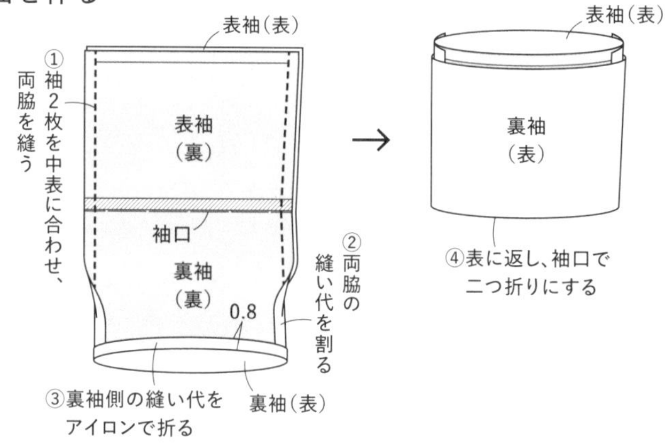

表袖（表）
①袖2枚を中表に合わせ、両脇を縫う
表袖
（裏）
袖口
裏袖
（裏）
0.8
②両脇の縫い代を割る
③裏袖側の縫い代を
アイロンで折る
裏袖（表）
表袖（表）
裏袖
（表）
④表に返し、袖口で
二つ折りにする

9 袖をつける

①前身頃と表袖を
中表に合わせて縫う

裏袖（表）

袖口

袖下

前身頃
（表）

袖下

前身頃
（裏）

②袖を起こし、縫い代を袖の中に入れ、表からステッチをかける

前身頃（表）

0.2

表袖（表）

裏袖
（表）

袖口

10 左前身頃にボタンをつける

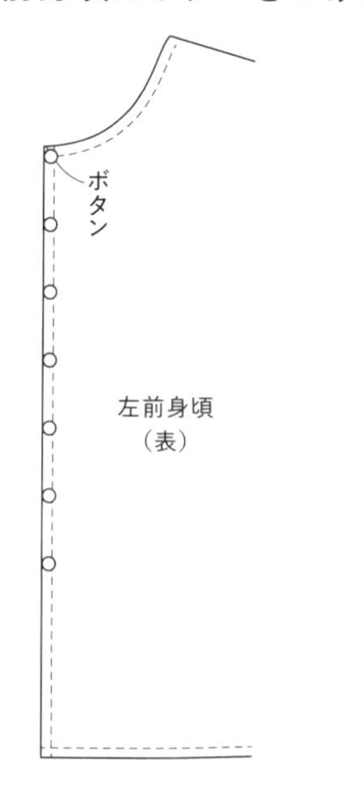

ボタン
左前身頃
（表）

№ 11

ロングジレ
LONG GILLE

photo ⟶ p.28

実物大パターンB面

№10の丈を長くして、ブラックリネンでシックにアレンジ。いつものスタイルに一枚重ねるだけで雰囲気がガラリと変わり、コーディネートの幅が広がります。

材料 ※フリーサイズ
表布 ベルギーリネン40番手リュードバックハーフ（BK／ブラック）… 118cm幅 130cm
伸止めテープa … 1.2cm幅 220cm
伸止めテープb（伸縮性なし）… 1.2cm幅 50cm
コットン両面サテンリボン … 0.9cm幅 45cmを4本

出来上り寸法
着丈 … 93cm

縫い方順序
1 前中心を縫い、前身頃の縫い代を始末する
2 後ろ身頃のタックを縫う
3 後ろ身頃の縫い代を始末する
4 ヨークを作る … p.64-**3** 参照
5 ヨークと前身頃を縫い合わせる … p.65-**4** 参照
6 ヨークと後ろ身頃を縫い合わせる … p.65-**5** 参照

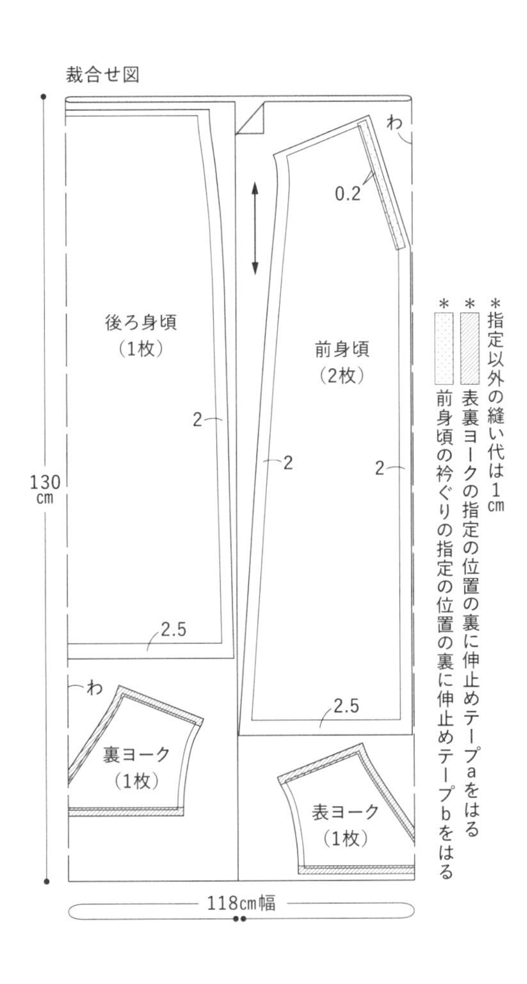
裁合せ図
わ
0.2
後ろ身頃
（1枚）
前身頃
（2枚）
2
2
2
130cm
2.5
2.5
わ
裏ヨーク
（1枚）
表ヨーク
（1枚）
118cm幅
＊指定以外の縫い代は1cm
＊表裏ヨークの指定の位置の裏に伸止めテープaをはる
＊前身頃の衿ぐりの指定の位置の裏に伸止めテープbをはる

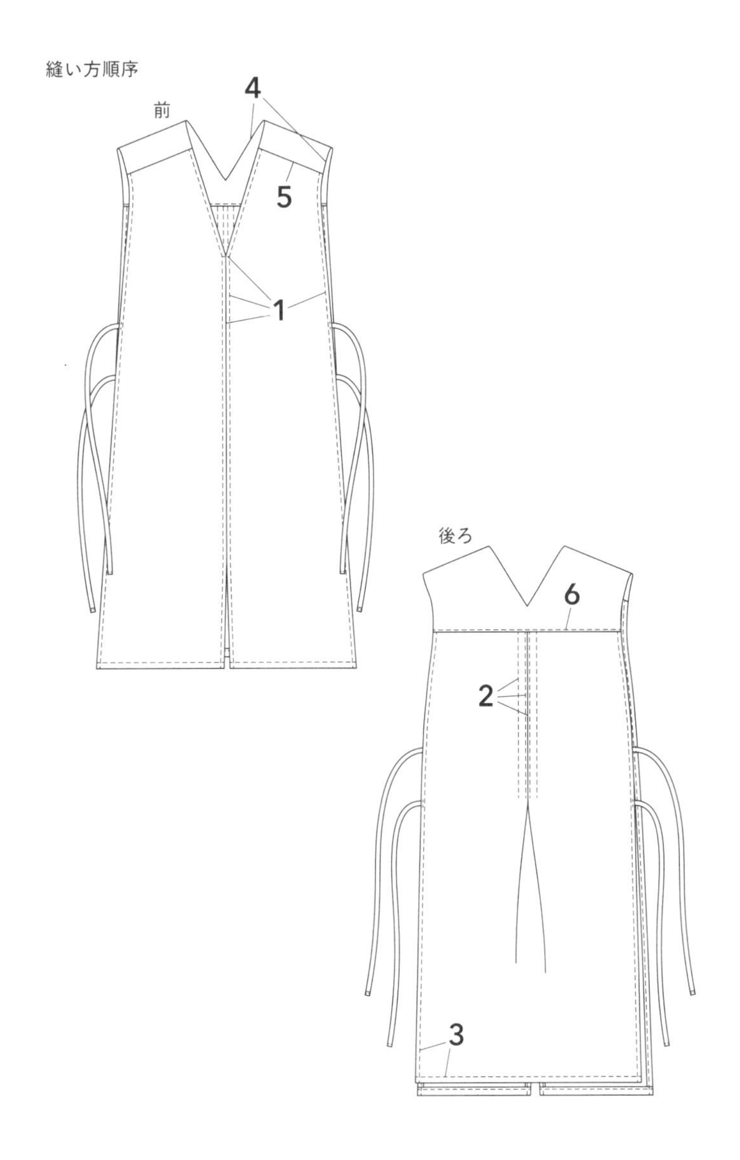
縫い方順序
前
4
5
1
後ろ
6
2
3

1 前中心を縫い、前身頃の縫い代を始末する

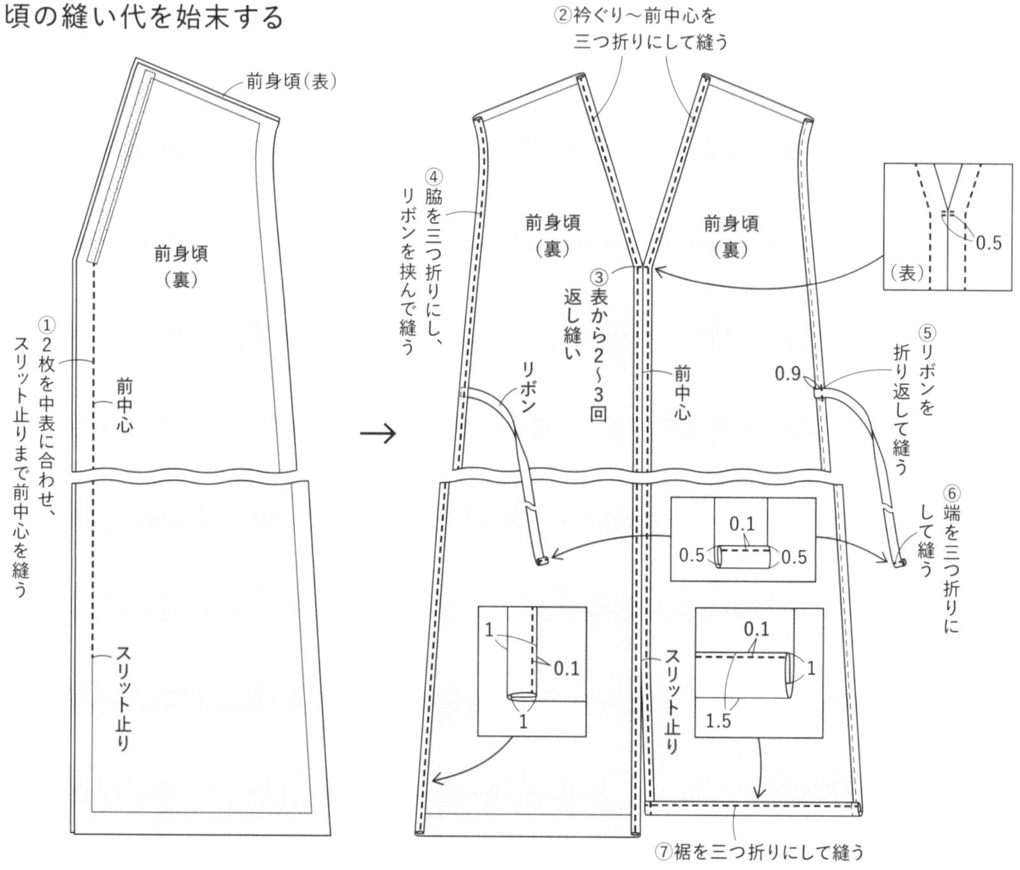

前身頃(表)
前身頃
(裏)
①2枚を中表に合わせ、スリット止りまで前中心を縫う
前中心
スリット止り
②衿ぐり〜前中心を三つ折りにして縫う
④脇を三つ折りにし、リボンを挟んで縫う
前身頃
(裏)
前身頃
(裏)
③表から2〜3回返し縫い
リボン
前中心
(表)
0.5
⑤リボンを折り返して縫う
0.9
0.1
0.5
0.5
⑥端を三つ折りにして縫う
1
0.1
1
0.1
1
1.5
スリット止り
⑦裾を三つ折りにして縫う

2 後ろ身頃のタックを縫う

3 後ろ身頃の縫い代を始末する

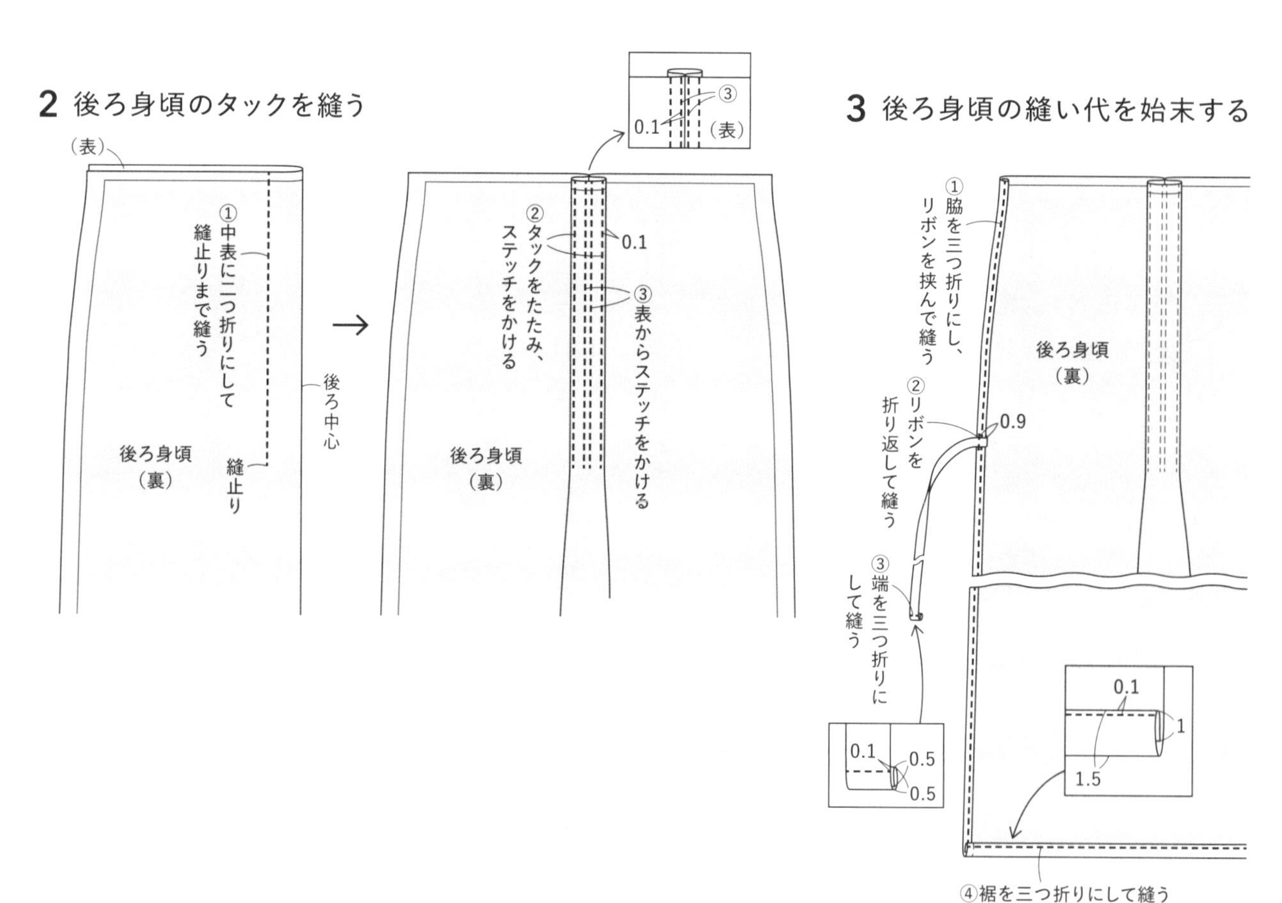

(表)
①中表に二つ折りにして縫止りまで縫う
後ろ中心
後ろ身頃
(裏)
縫止り
0.1
③
(表)
②タックをたたみ、ステッチをかける
0.1
③表からステッチをかける
後ろ身頃
(裏)
①脇を三つ折りにし、リボンを挟んで縫う
後ろ身頃
(裏)
②リボンを折り返して縫う
0.9
③端を三つ折りにして縫う
0.1
0.5
0.5
0.1
1
1.5
④裾を三つ折りにして縫う

No 10

ショートジレ
SHORT GILLE

photo ⟶ p.26

実物大パターンB面

両サイドをあけ、リボンでとめるラフなスタイルのジレ。肩をヨーク仕様にし、少し手間を加えて高級感のあるデザインに。着る人のサイズを選ばないのもうれしいところ。

材料 ※フリーサイズ
表布　ワイド幅レーヨンメルトンフリース
　（グレーベージュ）… 145cm幅 60cm
裏布　リネン（ベージュ）… 30 × 50cm
コットン両面サテンリボン … 0.9cm幅 45cmを4本

出来上り寸法
着丈 … 55cm

縫い方順序
1　前中心を縫い、前身頃の縫い代を始末する
2　後ろ身頃の縫い代を始末する
3　ヨークを作る
4　ヨークと前身頃を縫い合わせる
5　ヨークと後ろ身頃を縫い合わせる

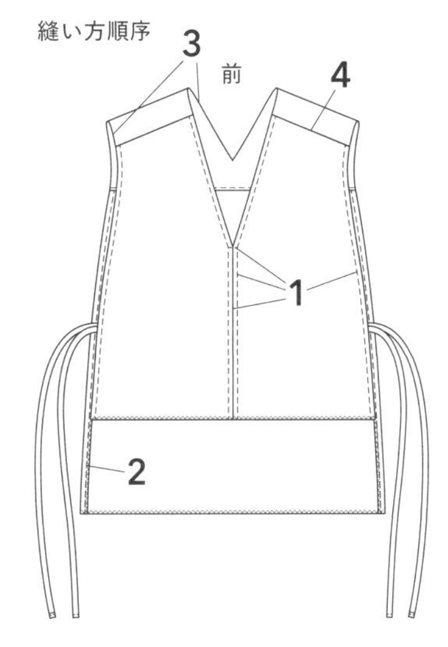

縫い方順序
3
前
4
1
2

後ろ
5

裁合せ図

表布（メルトンフリース）

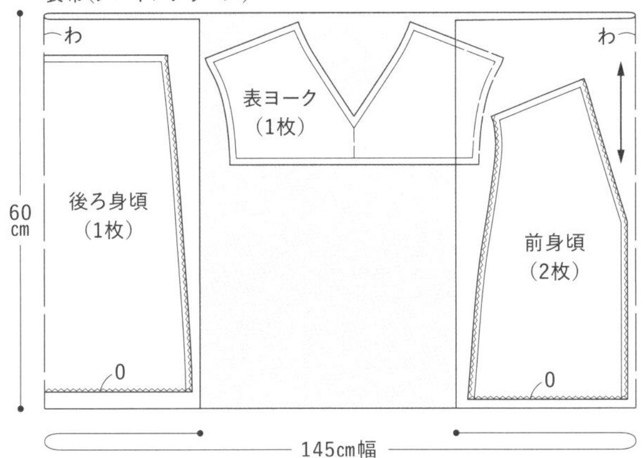

わ
表ヨーク
（1枚）
わ
後ろ身頃
（1枚）
60cm
前身頃
（2枚）
0
0
145cm幅

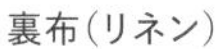
裏布（リネン）

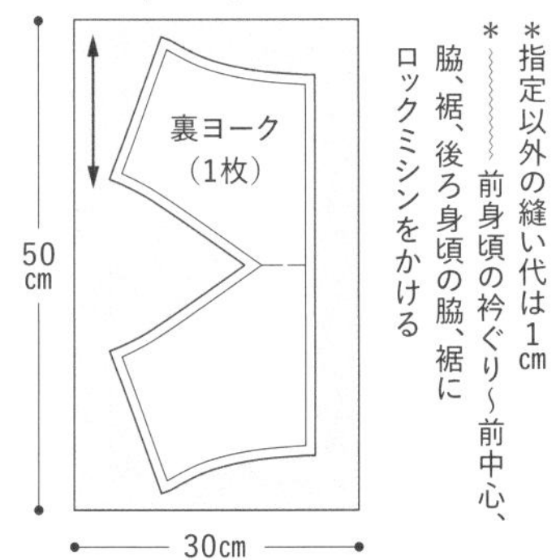

裏ヨーク
（1枚）
50cm
30cm

＊指定以外の縫い代は1cm
＊〰〰 前身頃の衿ぐり～前中心、脇、裾、後ろ身頃の脇、裾にロックミシンをかける

1 前中心を縫い、前身頃の縫い代を始末する

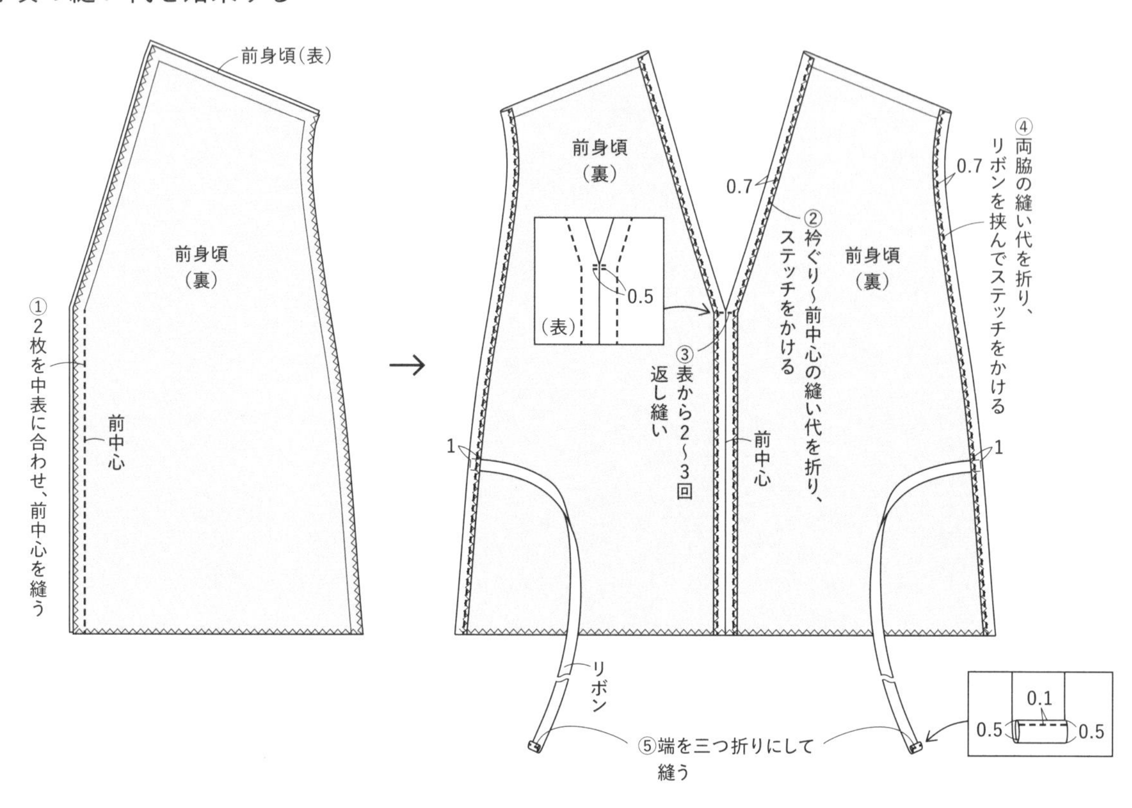

前身頃(表)
前身頃
(裏)
①2枚を中表に合わせ、前中心を縫う
前中心
前身頃
(裏)
0.7
②衿ぐり~前中心の縫い代を折り、ステッチをかける
前身頃
(裏)
0.7
④両脇の縫い代を折り、リボンを挟んでステッチをかける
0.5
(表)
③表から2~3回返し縫い
前中心
前中心
1
1
リボン
⑤端を三つ折りにして縫う
0.1
0.5
0.5

2 後ろ身頃の縫い代を始末する

3 ヨークを作る

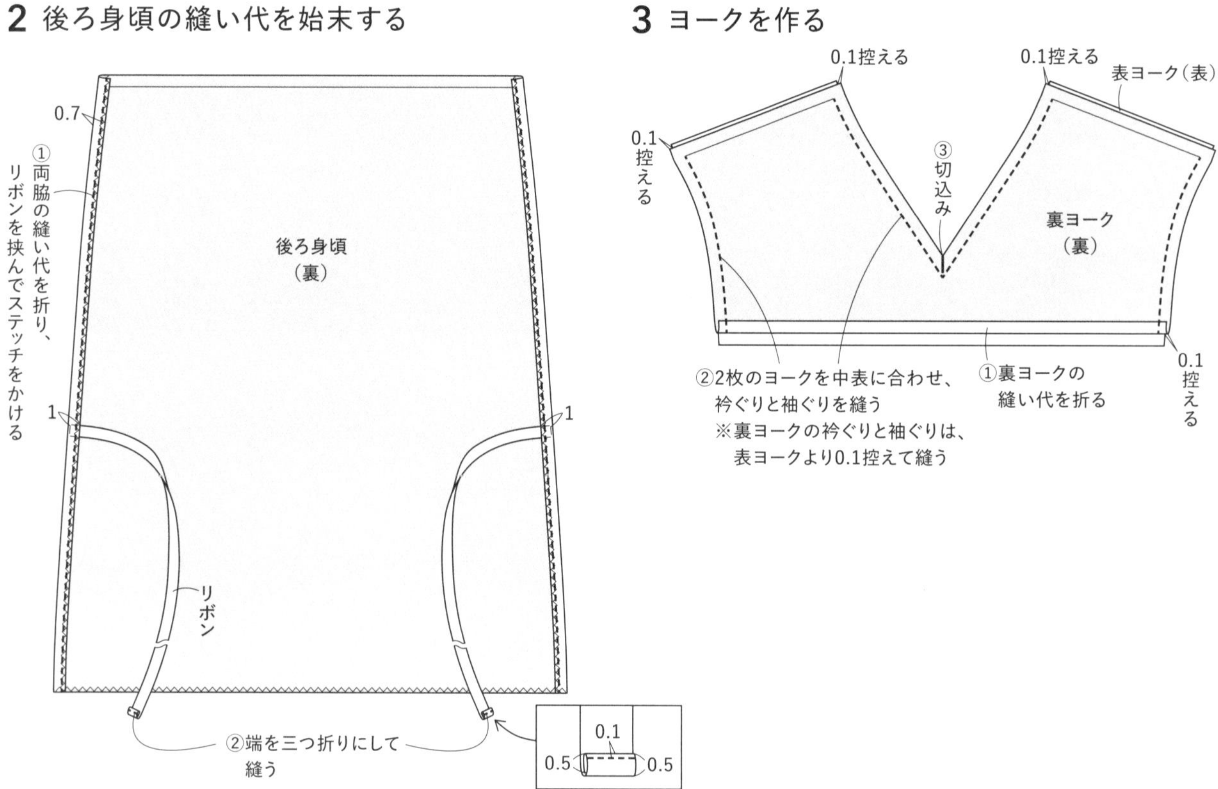

0.7
①両脇の縫い代を折り、リボンを挟んでステッチをかける
後ろ身頃
(裏)
1
1
リボン
②端を三つ折りにして縫う
0.1
0.5
0.5
0.1控える
0.1控える
表ヨーク(表)
0.1控える
③切込み
裏ヨーク
(裏)
②2枚のヨークを中表に合わせ、衿ぐりと袖ぐりを縫う
※裏ヨークの衿ぐりと袖ぐりは、表ヨークより0.1控えて縫う
①裏ヨークの縫い代を折る
0.1控える

4 ヨークと前身頃を縫い合わせる

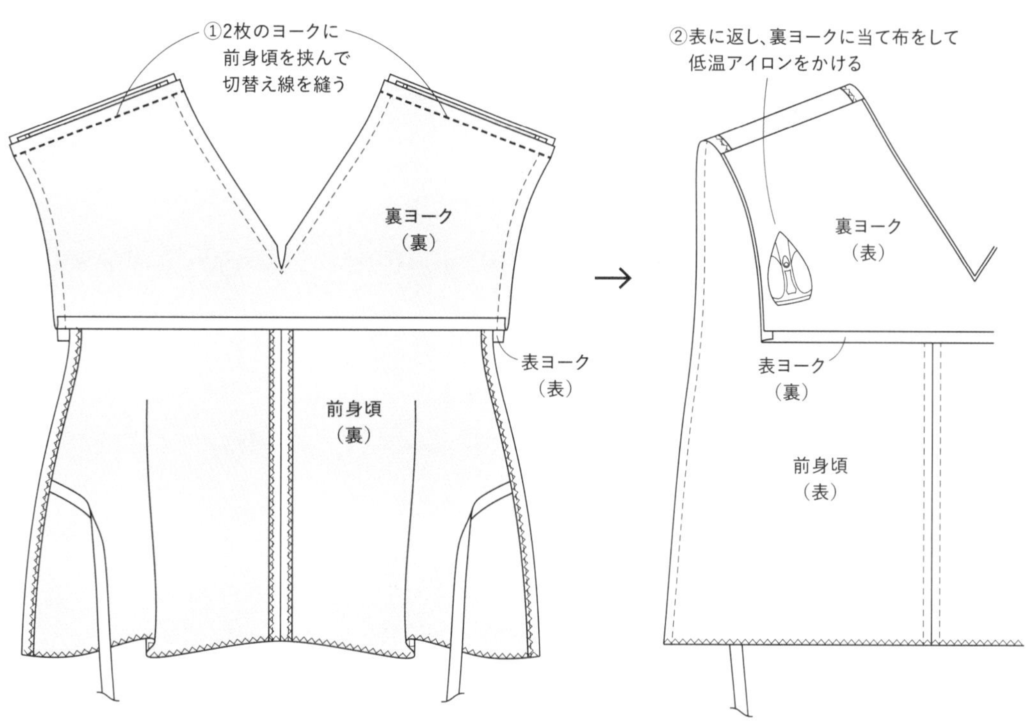
①2枚のヨークに
前身頃を挟んで
切替え線を縫う
裏ヨーク
（裏）
表ヨーク
（表）
前身頃
（裏）
→
②表に返し、裏ヨークに当て布をして
低温アイロンをかける
裏ヨーク
（表）
表ヨーク
（裏）
前身頃
（表）

5 ヨークと後ろ身頃を縫い合わせる

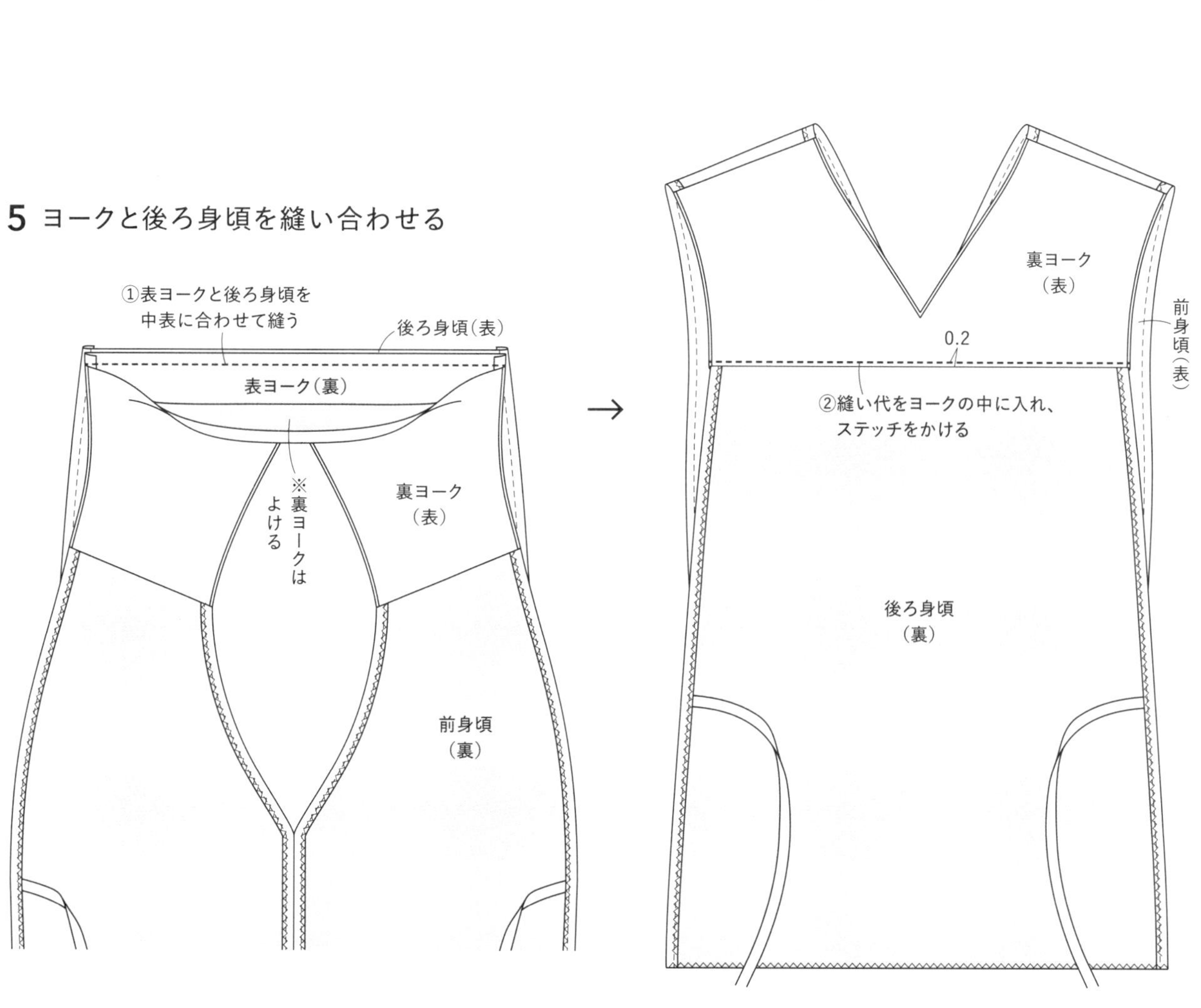
①表ヨークと後ろ身頃を
中表に合わせて縫う
後ろ身頃（表）
表ヨーク（裏）
※裏ヨークはよける
裏ヨーク
（表）
前身頃
（裏）
→
裏ヨーク
（表）
前身頃（表）
0.2
②縫い代をヨークの中に入れ、
ステッチをかける
後ろ身頃
（裏）

No 12

ギャザースカート

GATHERED SKIRT

photo ⟶ p.26

実物大パターンD面

少し固めの風合いの中厚地リネンを選んで、洗うたびに柔らかく変化していく過程も一緒に楽しんで。洗濯後、ギュッと絞ってから干すと、ニュアンスのあるギャザーに。

材料 ※S～M、L～LLサイズ共通

表布　天日干しリネン40番手ツイル
（TL4242-9／薄ベージュ）… 114cm幅 210cm

別布 … 65 × 65cm

伸止めテープ … 1.2cm幅 20cm

平ゴム … 0.9cm幅をウエスト寸法＋2cm（縫い代分）

綿麻テープ … 0.7cm幅 160cm

出来上り寸法 ※左からS～M／L～LLサイズ

スカート丈 … 83.5／84.5cm

縫い方順序

1. 右脇にポケットを作る…p.38-3参照
2. 脇を縫う
3. 裾を三つ折りにして縫う…p.40-7参照
＊裾の仕上りを4cm幅の三つ折りにし、裾から3.9cm幅ステッチをかける
4. ウエストベルトを作る
5. ウエストにギャザーを寄せる
6. ウエストベルトをつける
7. ウエストに平ゴムとテープを通す

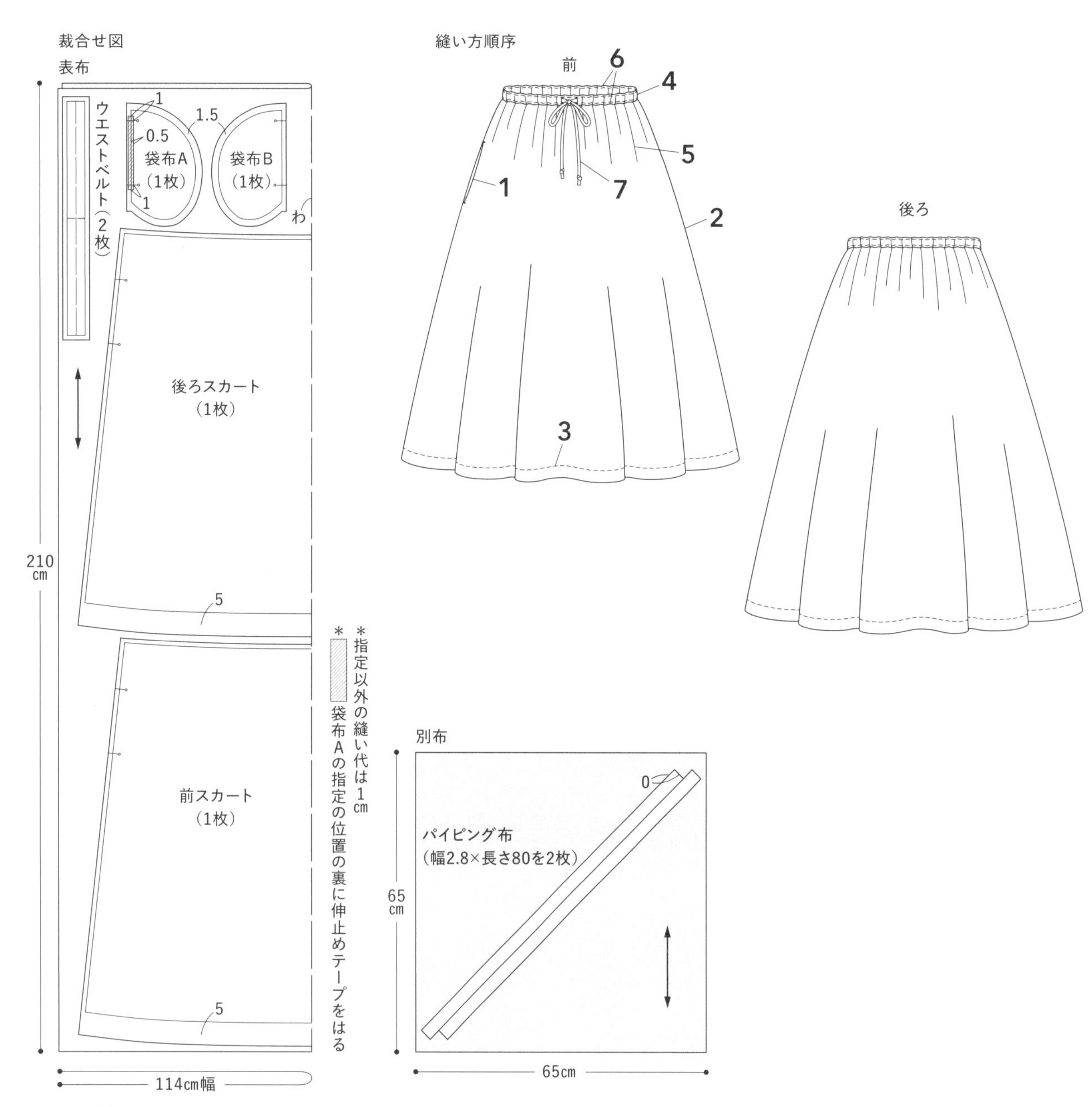
裁合せ図
表布
ウエストベルト（2枚）
1
1.5
0.5
袋布A
（1枚）
袋布B
（1枚）
1
わ
後ろスカート
（1枚）
210cm
5
前スカート
（1枚）
5
114cm幅
＊指定以外の縫い代は1cm
＊袋布Aの指定の位置の裏に伸止めテープをはる
縫い方順序
前
6
4
5
1
7
2
3
後ろ
別布
0
パイピング布
（幅2.8×長さ80を2枚）
65cm
65cm

2 脇を縫う

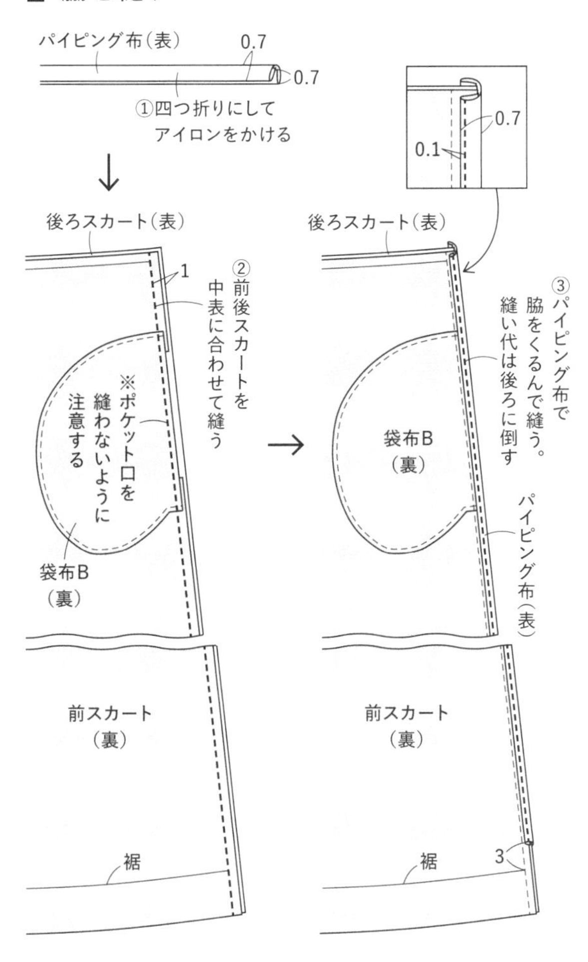

パイピング布(表)
0.7
0.7
①四つ折りにして
アイロンをかける
0.7
0.1
後ろスカート(表)
1
②前後スカートを中表に合わせて縫う
※ポケット口を縫わないように注意する
袋布B
(裏)
後ろスカート(表)
③パイピング布で脇をくるんで縫う。縫い代は後ろに倒す
袋布B
(裏)
パイピング布(表)
前スカート
(裏)
裾
前スカート
(裏)
裾
3

4 ウエストベルトを作る

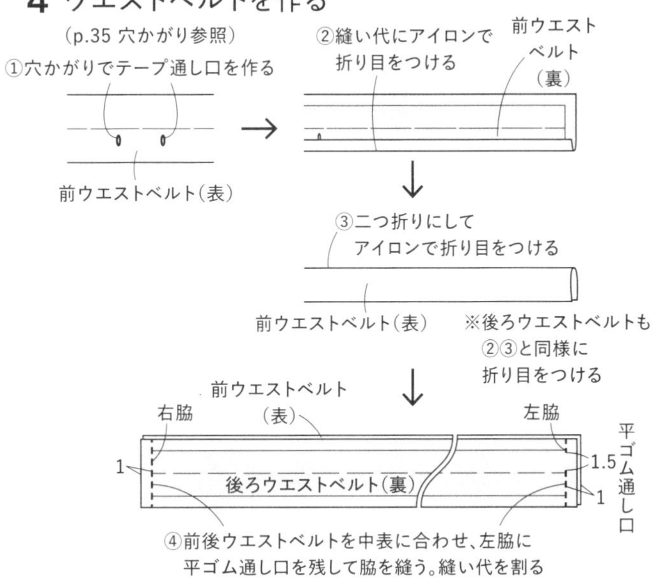

(p.35 穴かがり参照)
①穴かがりでテープ通し口を作る
前ウエストベルト(表)
②縫い代にアイロンで
折り目をつける
前ウエスト
ベルト
(裏)
③二つ折りにして
アイロンで折り目をつける
前ウエストベルト(表)
※後ろウエストベルトも
②③と同様に
折り目をつける
前ウエストベルト
(表)
右脇
左脇
1
後ろウエストベルト(裏)
1.5
1
平ゴム通し口
④前後ウエストベルトを中表に合わせ、左脇に
平ゴム通し口を残して脇を縫う。縫い代を割る

5 ウエストにギャザーを寄せる

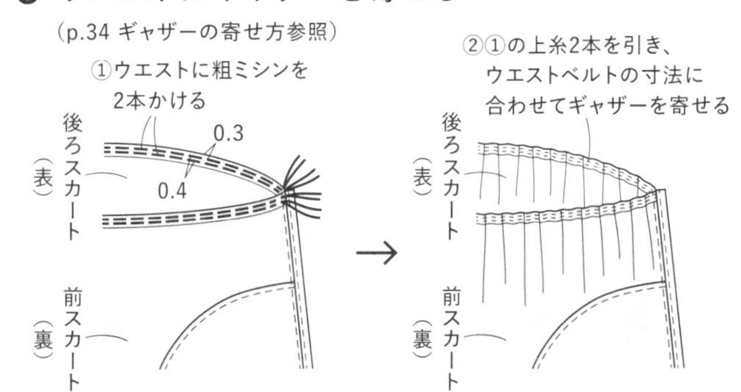

(p.34 ギャザーの寄せ方参照)
①ウエストに粗ミシンを
2本かける
0.3
0.4
後ろスカート
(表)
前スカート
(裏)
②①の上糸2本を引き、
ウエストベルトの寸法に
合わせてギャザーを寄せる
後ろスカート
(表)
前スカート
(裏)

6 ウエストベルトをつける

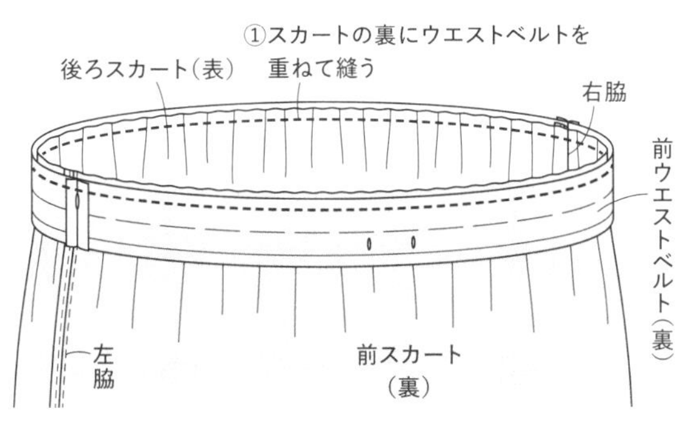

①スカートの裏にウエストベルトを
重ねて縫う
後ろスカート(表)
右脇
前ウエストベルト(裏)
左脇
前スカート
(裏)

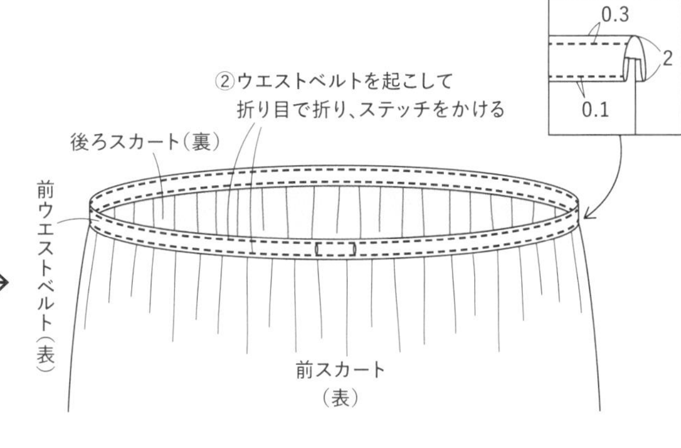

0.3
2
0.1
②ウエストベルトを起こして
折り目で折り、ステッチをかける
後ろスカート(裏)
前ウエストベルト(表)
前スカート
(表)

7 ウエストに平ゴムとテープを通す

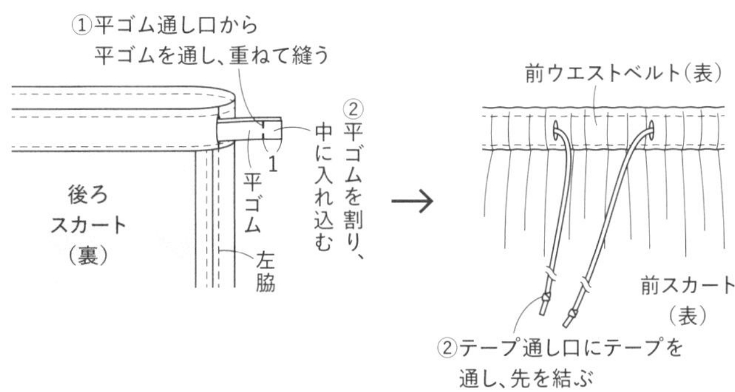

①平ゴム通し口から
平ゴムを通し、重ねて縫う
後ろ
スカート
(裏)
1
平ゴム
左脇
②平ゴムを割り、中に入れ込む
前ウエストベルト(表)
前スカート
(表)
②テープ通し口にテープを
通し、先を結ぶ

No 13

ツーウェイパンツ
2WAY PANTS

photo → p.24

実物大パターンB面

裾のテープを絞ればバルーン風のシルエットに。２通りのはき方ができるシンプルなイージーパンツです。中厚地のリネンを選べば透け感も気になりません。

材料 ※S、M、Lサイズ共通

表布　ベルギーリネン40番手 リュードバックハーフ（KN／キナリ）… 118cm幅220cm

接着芯 … 20×40cm

伸止めテープ … 1.2cm幅40cm

平ゴム … 2cm幅をウエスト寸法＋2cm（縫い代分）

綿麻テープ … 0.9cm幅160cm（ウエスト）、75cm 2本（裾）

出来上り寸法 ※左からS／M／Lサイズ

パンツ丈 … 92／93.5／95cm

縫い方順序

1 ポケットを作る
2 前パンツにポケットをつける
3 脇を縫う
4 股下を縫う
5 股上を縫う
6 ウエストを縫う
7 裾見返しを作る
8 裾見返しをつける

裁合せ図

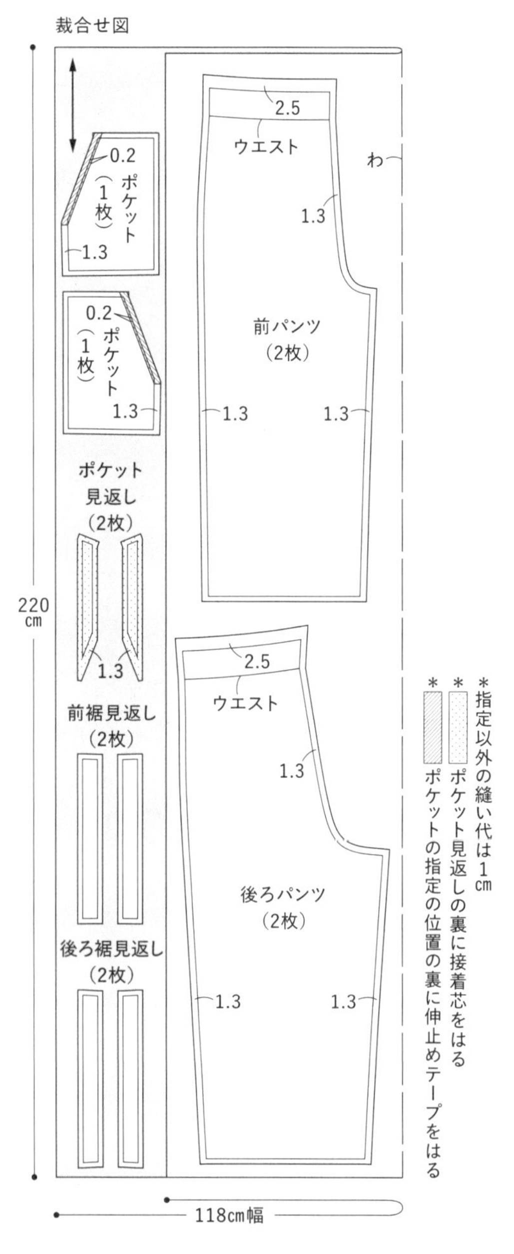

2.5
ウエスト
わ
1.3
前パンツ
(2枚)
0.2
ポケット
(1枚)
ポケット見返し
(2枚)
前裾見返し
(2枚)
後ろ裾見返し
(2枚)
後ろパンツ
(2枚)
220cm
118cm幅
＊指定以外の縫い代は1cm
＊ポケット見返しの裏に接着芯をはる
＊ポケットの指定の位置の裏に伸止めテープをはる

縫い方順序

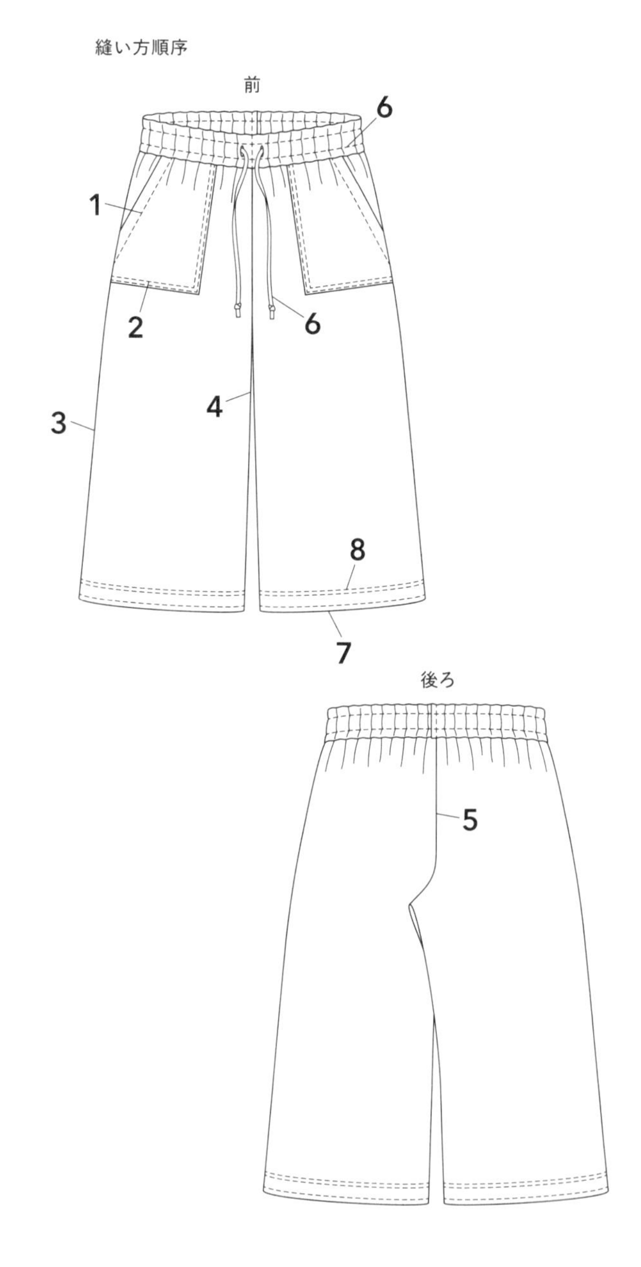

前
後ろ
1
2
3
4
5
6
7
8

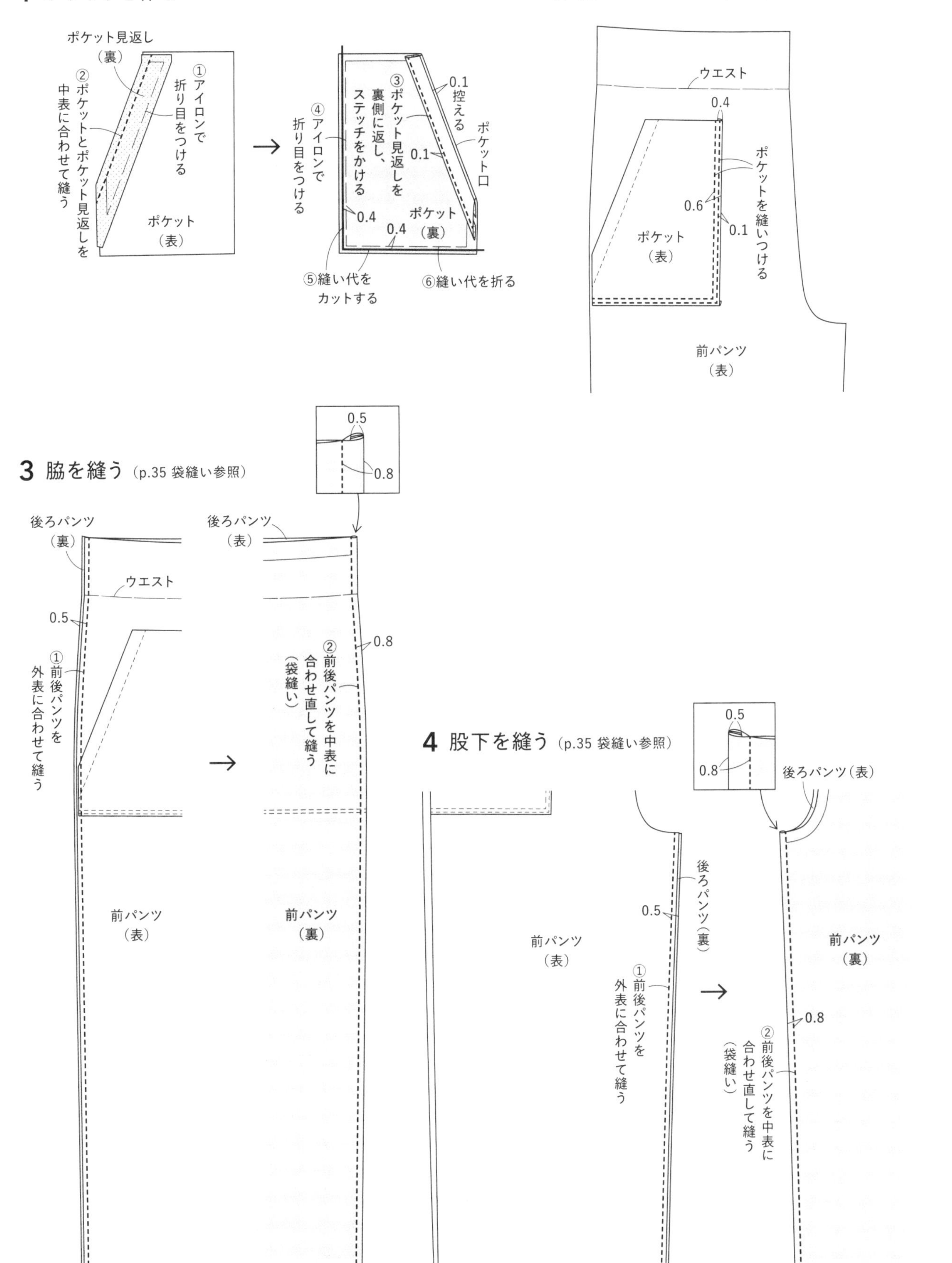
1 ポケットを作る
ポケット見返し
(裏)
①アイロンで折り目をつける
②ポケットとポケット見返しを中表に合わせて縫う
ポケット
(表)
③ポケット見返しを裏側に返し、ステッチをかける
④アイロンで折り目をつける
0.1
控える
ポケット口
0.1
0.4
0.4
ポケット
(裏)
⑤縫い代をカットする
⑥縫い代を折る
2 前パンツにポケットをつける
ウエスト
0.4
ポケットを縫いつける
0.6
0.1
ポケット
(表)
前パンツ
(表)
3 脇を縫う (p.35 袋縫い参照)
0.5
0.8
後ろパンツ
(裏)
後ろパンツ
(表)
ウエスト
0.5
①前後パンツを外表に合わせて縫う
②前後パンツを中表に合わせ直して縫う
(袋縫い)
0.8
前パンツ
(表)
前パンツ
(裏)
4 股下を縫う (p.35 袋縫い参照)
0.5
0.8
後ろパンツ(表)
後ろパンツ(裏)
0.5
前パンツ
(表)
①前後パンツを外表に合わせて縫う
前パンツ
(裏)
0.8
②前後パンツを中表に合わせ直して縫う
(袋縫い)

5 股上を縫う

（p.35 袋縫い参照）

6 ウエストを縫う

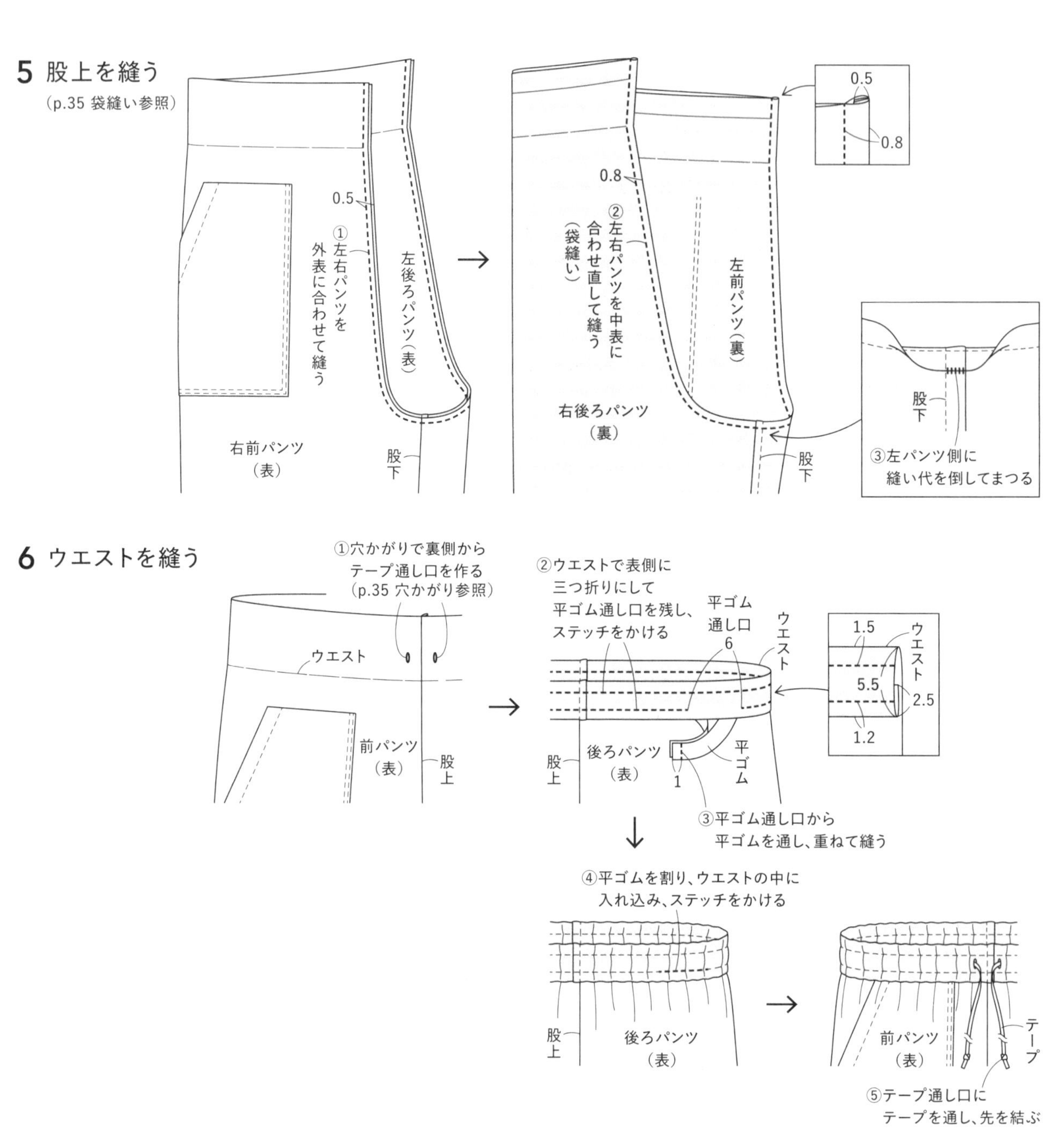

0.5
①左右パンツを外表に合わせて縫う
左後ろパンツ（表）
右前パンツ（表）
股下
0.8
②左右パンツを中表に合わせ直して縫う（袋縫い）
左前パンツ（裏）
右後ろパンツ（裏）
股下
0.5
0.8
股下
③左パンツ側に縫い代を倒してまつる
①穴かがりで裏側からテープ通し口を作る（p.35 穴かがり参照）
ウエスト
前パンツ（表）
股上
②ウエストで表側に三つ折りにして平ゴム通し口を残し、ステッチをかける
平ゴム通し口
6
ウエスト
後ろパンツ（表）
股上
1
平ゴム
1.5
ウエスト
5.5
2.5
1.2
③平ゴム通し口から平ゴムを通し、重ねて縫う
④平ゴムを割り、ウエストの中に入れ込み、ステッチをかける
股上
後ろパンツ（表）
前パンツ（表）
テープ
⑤テープ通し口にテープを通し、先を結ぶ

7 裾見返しを作る

8 裾見返しをつける

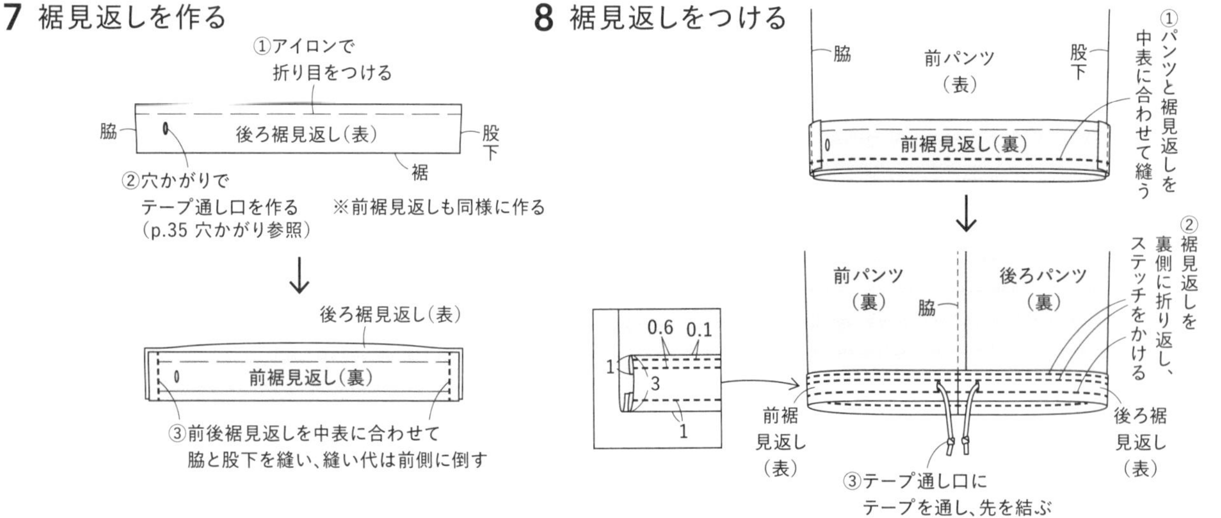

①アイロンで折り目をつける
脇
後ろ裾見返し（表）
股下
裾
②穴かがりでテープ通し口を作る（p.35 穴かがり参照）
※前裾見返しも同様に作る
後ろ裾見返し（表）
前裾見返し（裏）
③前後裾見返しを中表に合わせて脇と股下を縫い、縫い代は前側に倒す
脇
前パンツ（表）
股下
前裾見返し（裏）
①パンツと裾見返しを中表に合わせて縫う
前パンツ（裏）
後ろパンツ（裏）
脇
②裾見返しを裏側に折り返し、ステッチをかける
0.6
0.1
1
3
1
前裾見返し（表）
後ろ裾見返し（表）
③テープ通し口にテープを通し、先を結ぶ

No 14

サスペンダーパンツ

SUSPENDER PANTS

photo ⟶ p.10〜13

実物大パターン D 面

釣り用の防水ズボンにヒントを得て、ゆったりとしたサスペンダーパンツに仕上げました。背中のリボンで女性らしさをプラス。布選びによって雰囲気が変わります。

材料　※左からS／M／Lサイズ

表布　ベルギーリネン40番手 リュードバックハーフ（BK／ブラック）…118cm幅300／320／320cm

接着芯…60×40cm

伸止めテープ…1.2cm幅310cm

出来上り寸法　※左からS／M／Lサイズ

ウエスト…87／95／103cm

パンツ丈…103／104.5／106cm

縫い方順序

1 脇にポケットを作る
2 脇を縫う
3 股下を縫う
4 裾を三つ折りにして縫う
5 股上を縫う
6 肩ひもと肩ひも通し布を作る
7 ヨークを作る
8 パンツとヨークを縫い合わせる
9 後ろヨークに肩ひも通し口を作り、肩ひもを通す

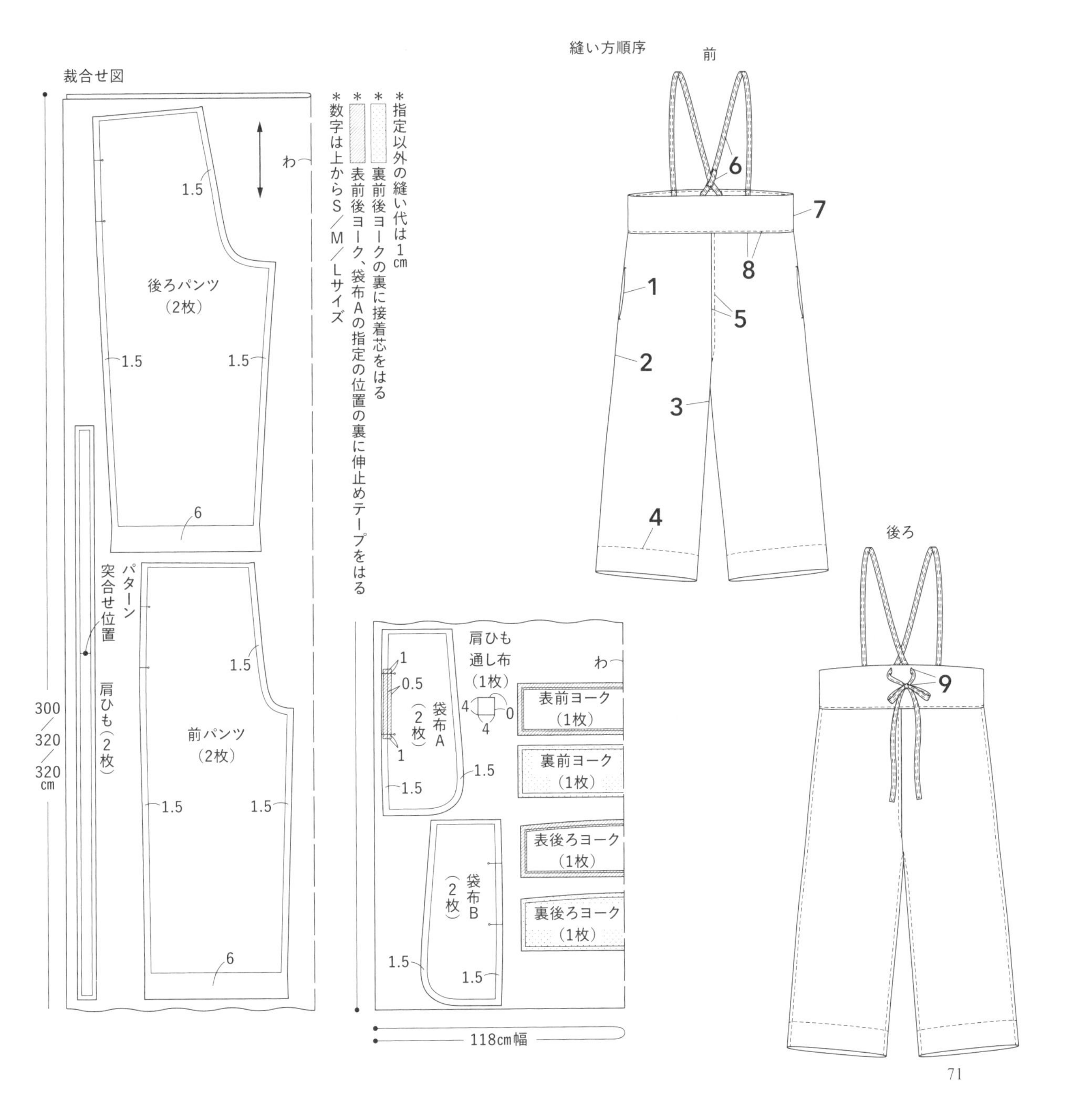

裁合せ図
＊指定以外の縫い代は1cm
＊裏前後ヨークの裏に接着芯をはる
＊表前後ヨーク、袋布Aの指定の位置の裏に伸止めテープをはる
＊数字は上からS／M／Lサイズ
わ
後ろパンツ（2枚）
前パンツ（2枚）
パターン突合せ位置
肩ひも（2枚）
300／320／320cm
肩ひも通し布（1枚）
袋布A（2枚）
袋布B（2枚）
表前ヨーク（1枚）
裏前ヨーク（1枚）
表後ろヨーク（1枚）
裏後ろヨーク（1枚）
118cm幅
縫い方順序
前
後ろ

1 脇にポケットを作る

2 脇を縫う（p.35 折伏せ縫い参照）

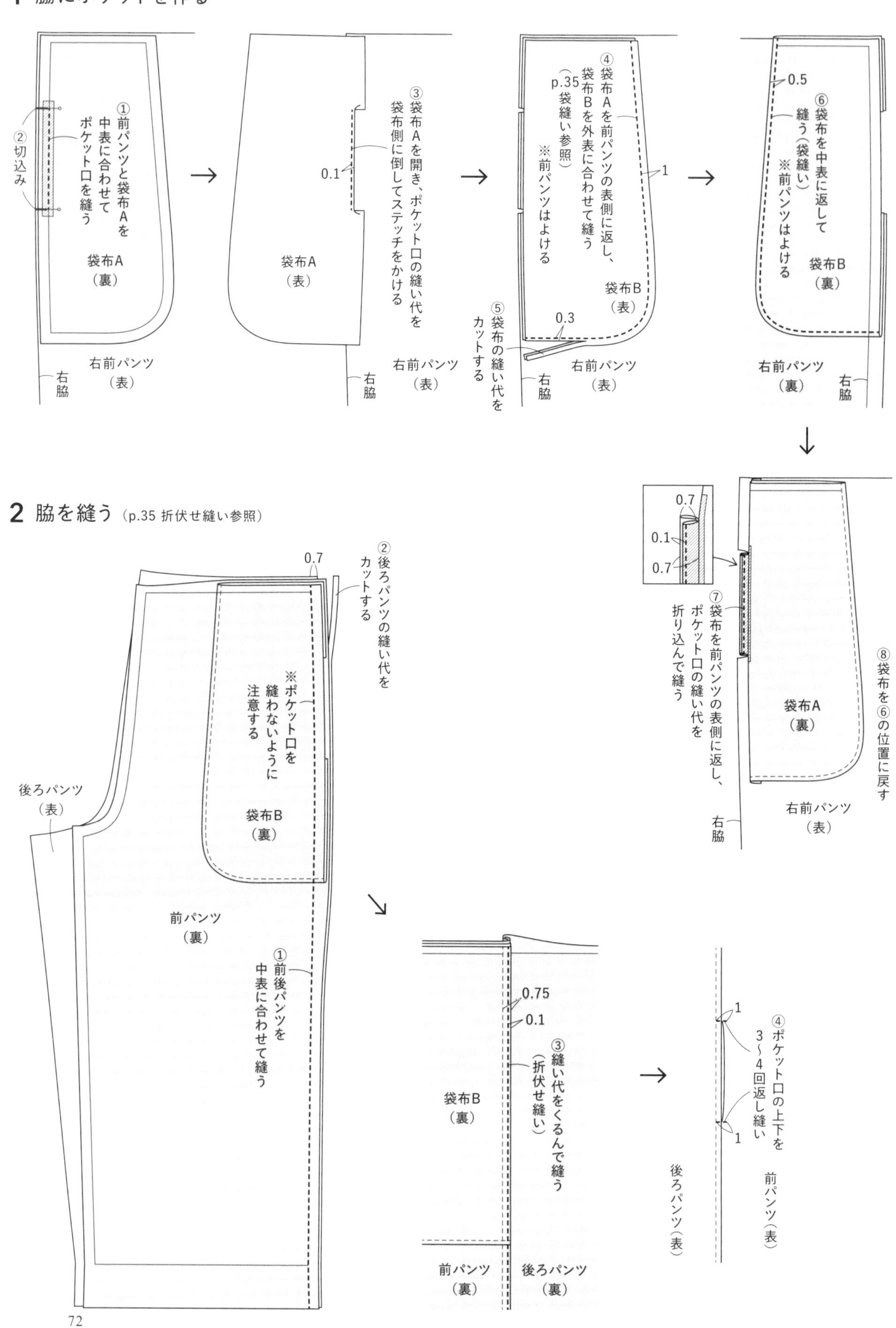

①前パンツと袋布Aを中表に合わせてポケット口を縫う
②切込み
袋布A（裏）
右前パンツ（表）
右脇
③袋布Aを開き、ポケット口の縫い代を袋布側に倒してステッチをかける
0.1
袋布A（表）
④袋布Aを前パンツの表側に返し、袋布Bを外表に合わせて縫う（p.35 袋縫い参照）
※前パンツはよける
1
0.3
⑤袋布の縫い代をカットする
袋布B（表）
0.5
⑥袋布を中表に返して縫う（袋縫い）
※前パンツはよける
袋布B（裏）
右前パンツ（裏）
0.7
0.1
0.7
⑦袋布を前パンツの表側に返し、ポケット口の縫い代を折り込んで縫う
⑧袋布を⑥の位置に戻す
②後ろパンツの縫い代をカットする
※ポケット口を縫わないように注意する
後ろパンツ（表）
前パンツ（裏）
①前後パンツを中表に合わせて縫う
0.75
③縫い代をくるんで縫う（折伏せ縫い）
前パンツ（裏）
後ろパンツ（裏）
④ポケット口の上下を3～4回返し縫い
後ろパンツ（表）
前パンツ（表）

3 股下を縫う（p.35 折伏せ縫い参照）

4 裾を三つ折りにして縫う

5 股上を縫う（p.35 折伏せ縫い参照）

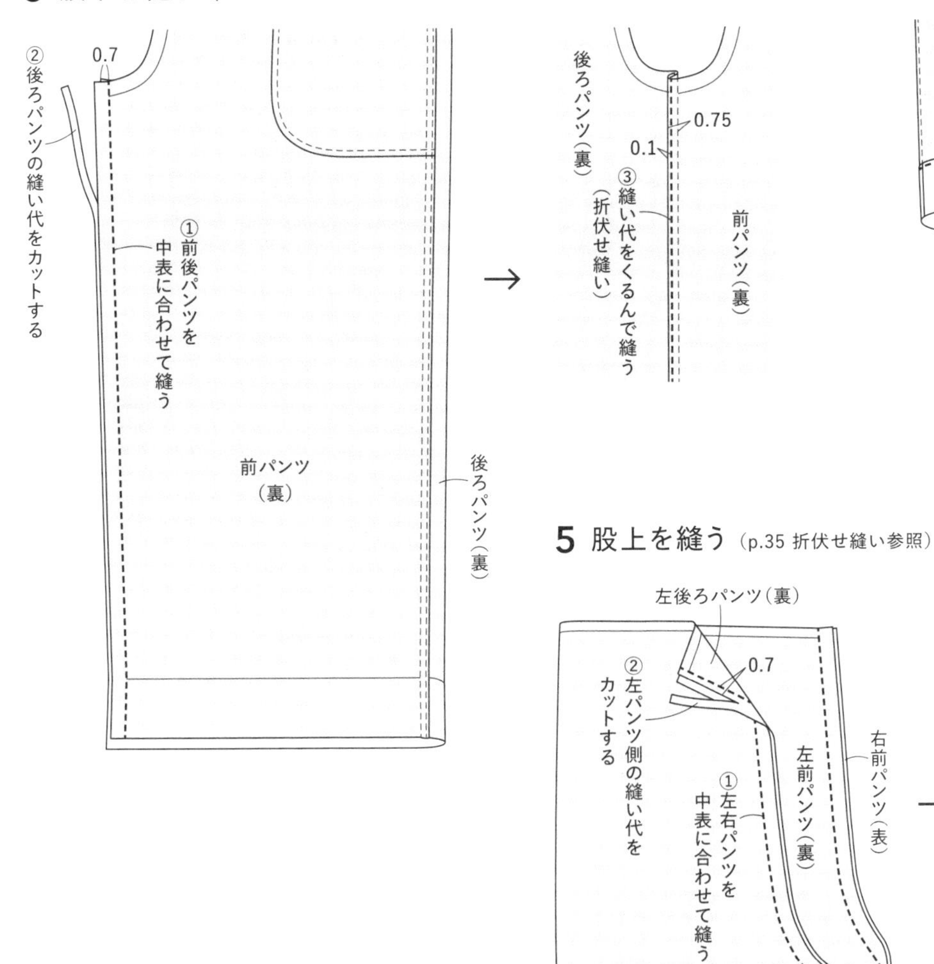

0.7
②後ろパンツの縫い代をカットする
①前後パンツを中表に合わせて縫う
前パンツ（裏）
後ろパンツ（裏）
後ろパンツ（裏）
0.75
0.1
③縫い代をくるんで縫う（折伏せ縫い）
前パンツ（裏）
前パンツ（裏）
三つ折りにして縫う
裾
0.1
1
5
左後ろパンツ（裏）
0.7
②左パンツ側の縫い代をカットする
①左右パンツを中表に合わせて縫う
左前パンツ（裏）
右前パンツ（表）
右後ろパンツ（裏）
右後ろパンツ（表）
股上
③縫い代をくるんで縫う（折伏せ縫い）
左後ろパンツ（表）
股下

6 肩ひもと肩ひも通し布を作る

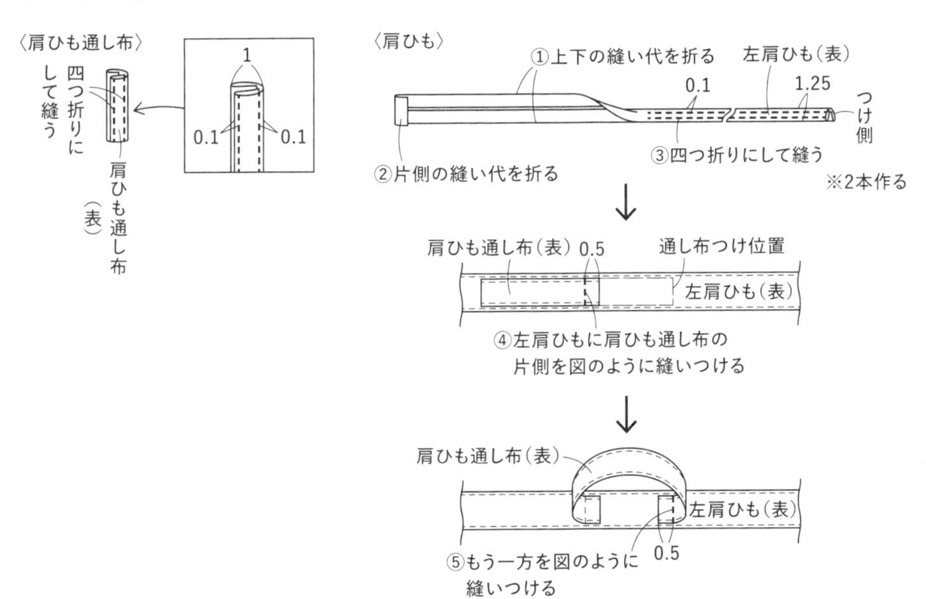

〈肩ひも通し布〉
四つ折りにして縫う
肩ひも通し布（表）
1
0.1
0.1
〈肩ひも〉
①上下の縫い代を折る
左肩ひも（表）
0.1
1.25
つけ側
②片側の縫い代を折る
③四つ折りにして縫う
※2本作る
肩ひも通し布（表）
0.5
通し布つけ位置
左肩ひも（表）
④左肩ひもに肩ひも通し布の片側を図のように縫いつける
肩ひも通し布（表）
左肩ひも（表）
0.5
⑤もう一方を図のように縫いつける

7 ヨークを作る

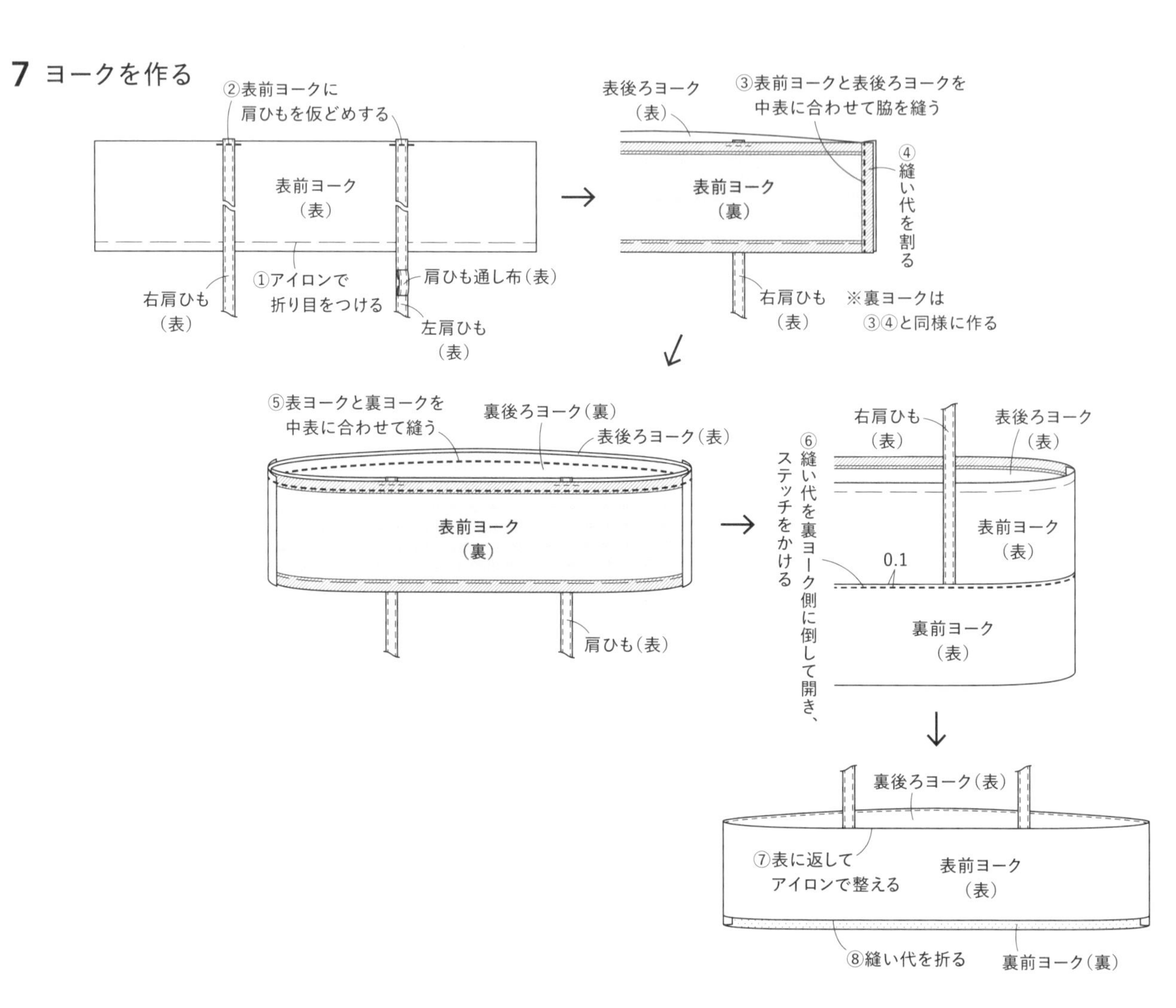

②表前ヨークに
肩ひもを仮どめする
表前ヨーク
（表）
右肩ひも
（表）
①アイロンで
折り目をつける
肩ひも通し布（表）
左肩ひも
（表）
表後ろヨーク
（表）
③表前ヨークと表後ろヨークを
中表に合わせて脇を縫う
表前ヨーク
（裏）
④縫い代を割る
右肩ひも
（表）
※裏ヨークは
③④と同様に作る
⑤表ヨークと裏ヨークを
中表に合わせて縫う
裏後ろヨーク（裏）
表後ろヨーク（表）
表前ヨーク
（裏）
肩ひも（表）
右肩ひも
（表）
表後ろヨーク
（表）
⑥縫い代を裏ヨーク側に倒して開き、ステッチをかける
表前ヨーク
（表）
0.1
裏前ヨーク
（表）
裏後ろヨーク（表）
⑦表に返して
アイロンで整える
表前ヨーク
（表）
⑧縫い代を折る
裏前ヨーク（裏）

8 パンツとヨークを縫い合わせる

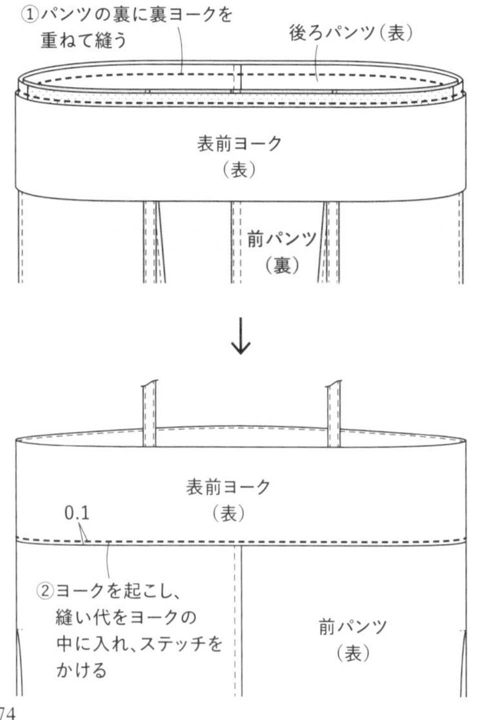

①パンツの裏に裏ヨークを
重ねて縫う
後ろパンツ（表）
表前ヨーク
（表）
前パンツ
（裏）
表前ヨーク
（表）
0.1
②ヨークを起こし、
縫い代をヨークの
中に入れ、ステッチを
かける
前パンツ
（表）

9 後ろヨークに肩ひも通し口を作り、肩ひもを通す

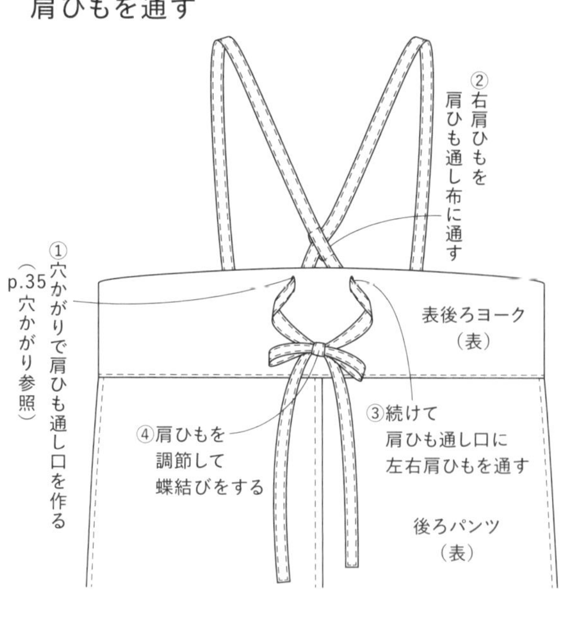

②右肩ひもを肩ひも通し布に通す
①穴かがりで肩ひも通し口を作る
（p.35 穴かがり参照）
表後ろヨーク
（表）
④肩ひもを
調節して
蝶結びをする
③続けて
肩ひも通し口に
左右肩ひもを通す
後ろパンツ
（表）

No 15

ワークコート［ショート］

WORK COAT ［ SHORT ］

photo ⟶ p.30

実物大パターンD面

メンズライクに着こなしたいショート丈のコート。後ろ裾のベンツは、簡単に仕立てられるように見返しをつけました。

材料 ※S、M、Lサイズ共通

表布　ウールリネン ダンブラー（生成り）…140cm幅 230cm

別布…35 × 20cm

接着芯（伸縮性なし）…110cm幅 110cm

薄手接着芯…40 × 10cm

ボタン…直径1.8cm 4個、力ボタン4個

出来上り寸法 ※左からS／M／Lサイズ

バスト…109／117／125cm

着丈…91／93／95cm

ゆき丈…77／79／81cm

縫い方順序

1　裏衿を作る

2　ポケット大、小を作る

3　前身頃にポケットをつける

4　後ろ中心を縫う

5　肩を縫う…p.52-1参照（伸止めテープはなし）

6　袖をつける…p.47-7参照
　＊袖口の仕上りを2.5cm幅の三つ折りにアイロンで折り目をつける

7　袖下～身頃の脇を縫う…p.40-6 ①～③参照

8　袖口を三つ折りにして縫う…p.47-9参照
　＊袖口の仕上りを2.5cm幅の三つ折りにし、袖口から2.4cm幅ステッチをかける

9　見返しの肩を縫い、表衿をつける

10　身頃に裏衿をつける

11　身頃と見返し、表衿と裏衿を縫い合わせる

12　裾を始末し、見返しを縫いつける

13　裾見返しをつける

14　右前身頃にボタンホール（横穴）をあけ、左前身頃にボタンをつける

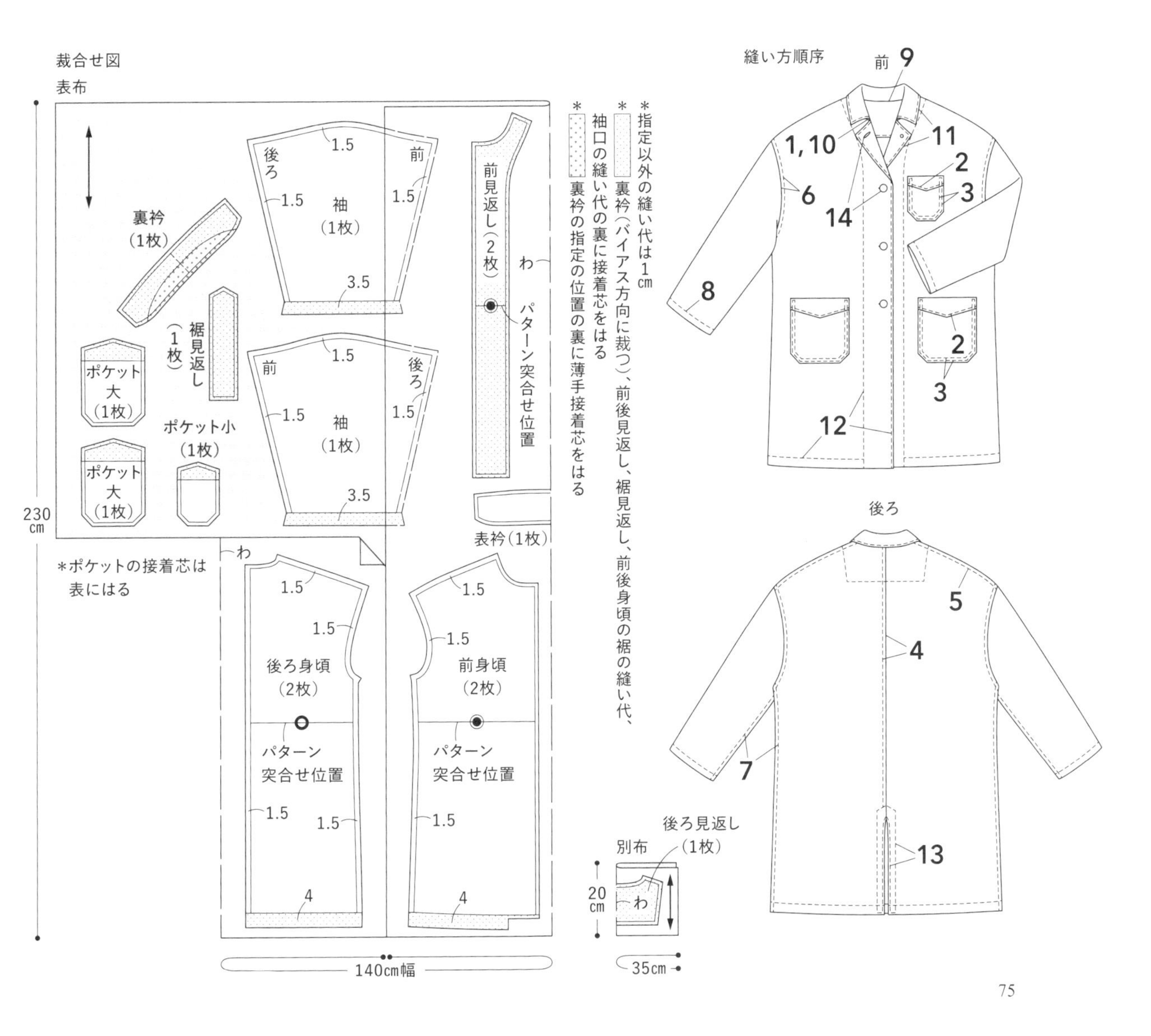

裁合せ図
表布
後ろ
前
1.5
袖
(1枚)
3.5
裏衿
(1枚)
裾見返し
(1枚)
ポケット大
(1枚)
ポケット小
(1枚)
前見返し(2枚)
わ
パターン突合せ位置
表衿(1枚)
230cm
＊ポケットの接着芯は表にはる
後ろ身頃
(2枚)
前身頃
(2枚)
パターン突合せ位置
4
140cm幅
＊指定以外の縫い代は1cm
＊ 裏衿(バイアス方向に裁つ)、前後見返し、裾見返し、前後身頃の裾の縫い代、袖口の縫い代の裏に接着芯をはる
＊ 裏衿の指定の位置の裏に薄手接着芯をはる
縫い方順序
前
後ろ
1,10
11
2
3
6
14
8
12
5
4
7
13
後ろ見返し
(1枚)
別布
20cm
35cm

1 裏衿を作る

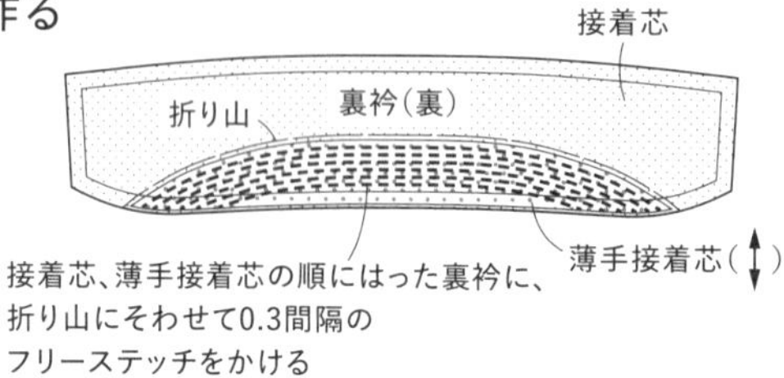
接着芯
折り山
裏衿(裏)
薄手接着芯( )
接着芯、薄手接着芯の順にはった裏衿に、
折り山にそわせて0.3間隔の
フリーステッチをかける

2 ポケット大、小を作る

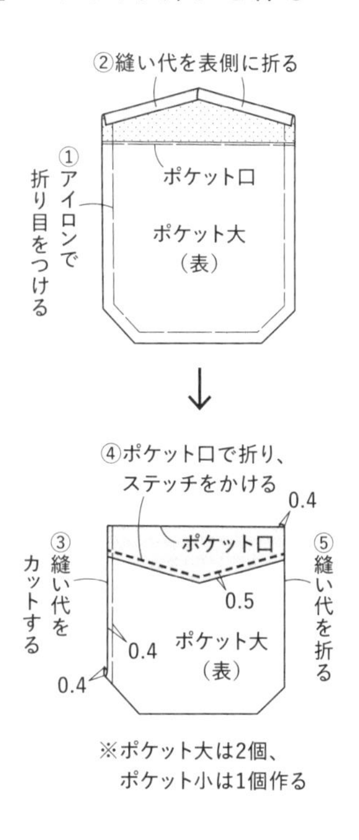
②縫い代を表側に折る
①アイロンで折り目をつける
ポケット口
ポケット大
(表)
④ポケット口で折り、
ステッチをかける
0.4
ポケット口
③縫い代をカットする
⑤縫い代を折る
0.5
0.4
ポケット大
(表)
0.4

※ポケット大は2個、
ポケット小は1個作る

3 前身頃にポケットをつける

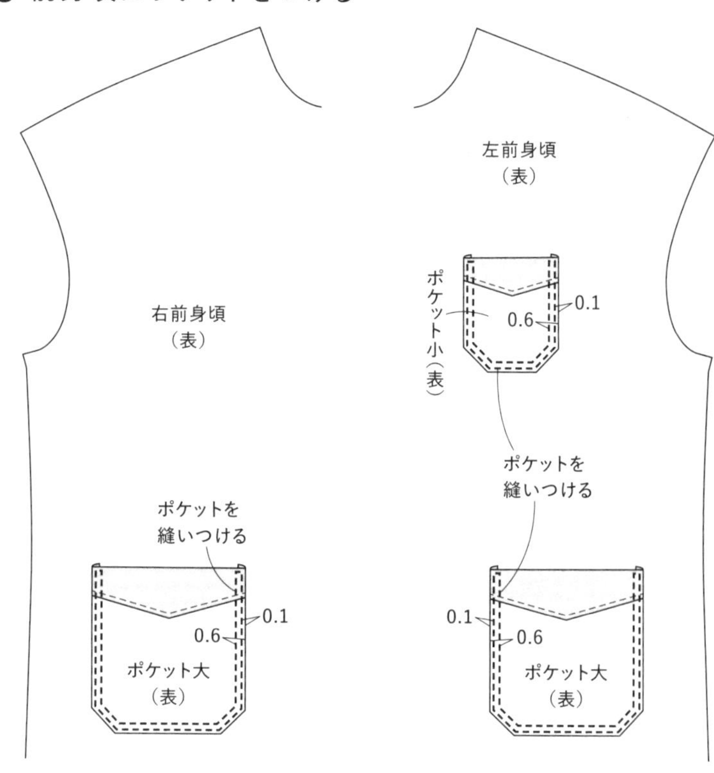
左前身頃
(表)
ポケット小(表)
0.1
0.6
右前身頃
(表)
ポケットを
縫いつける
ポケットを
縫いつける
0.1
0.6
ポケット大
(表)
0.1
0.6
ポケット大
(表)

4 後ろ中心を縫う (p.35 折伏せ縫い参照)

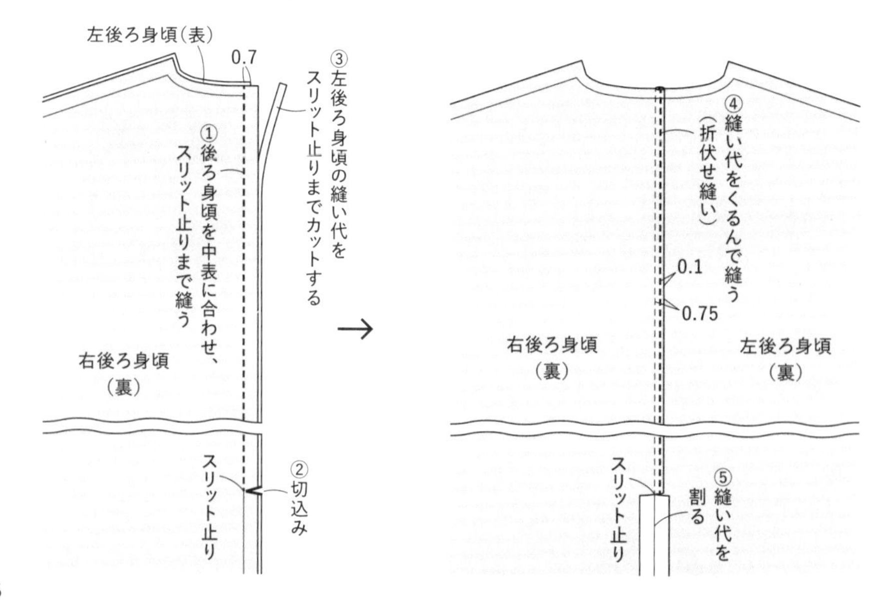
左後ろ身頃(表)
0.7
③左後ろ身頃の縫い代をスリット止りまでカットする
①後ろ身頃を中表に合わせ、スリット止りまで縫う
右後ろ身頃
(裏)
スリット止り
②切込み
④縫い代をくるんで縫う(折伏せ縫い)
0.1
0.75
右後ろ身頃
(裏)
左後ろ身頃
(裏)
スリット止り
⑤縫い代を割る

9 見返しの肩を縫い、表衿をつける

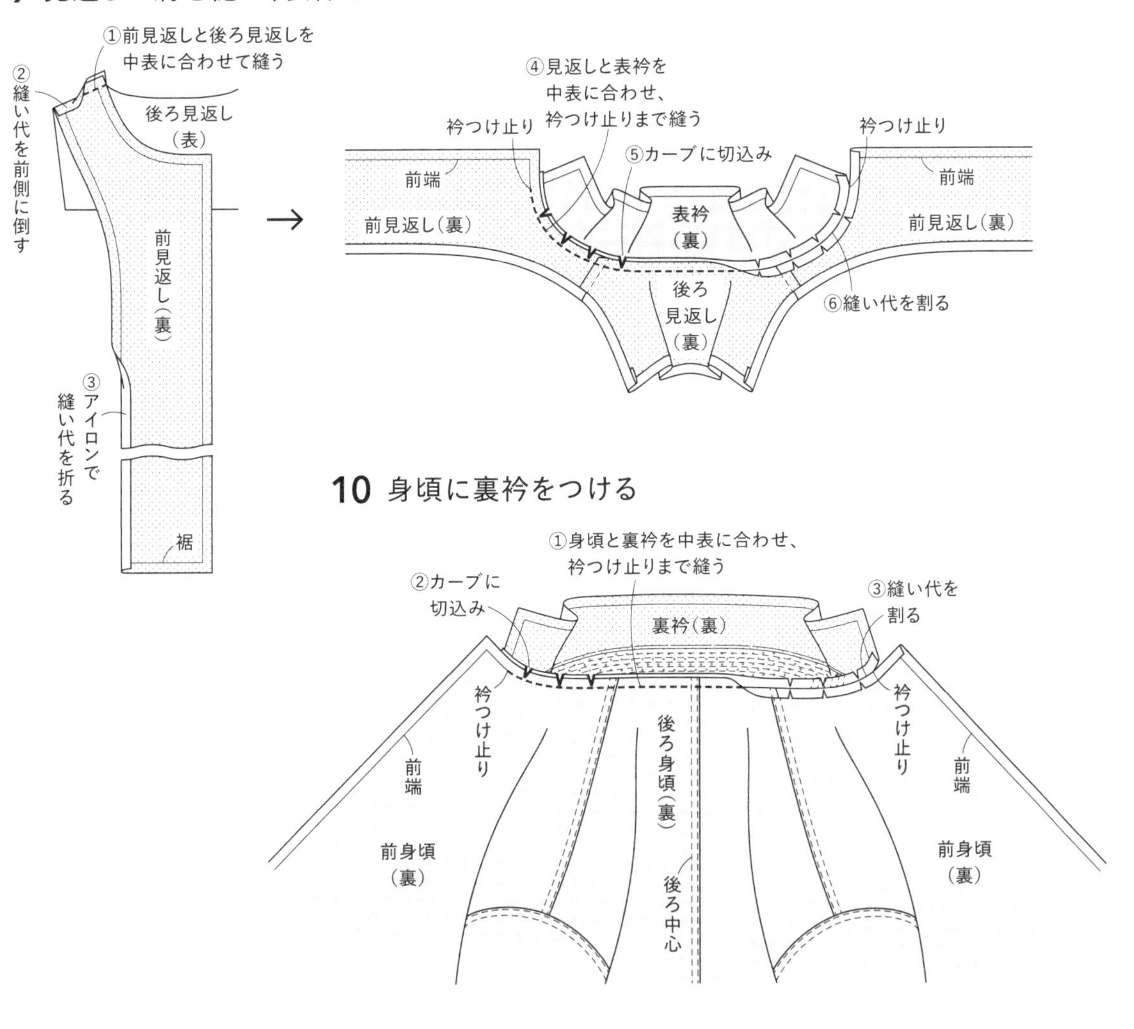
①前見返しと後ろ見返しを
中表に合わせて縫う
②縫い代を前側に倒す
後ろ見返し
（表）
前見返し（裏）
③アイロンで
縫い代を折る
裾
④見返しと表衿を
中表に合わせ、
衿つけ止りまで縫う
衿つけ止り
⑤カーブに切込み
衿つけ止り
前端
前見返し（裏）
表衿
（裏）
前端
前見返し（裏）
後ろ
見返し
（裏）
⑥縫い代を割る

10 身頃に裏衿をつける

①身頃と裏衿を中表に合わせ、
衿つけ止りまで縫う
②カーブに
切込み
③縫い代を
割る
裏衿（裏）
衿つけ止り
衿つけ止り
前端
後ろ身頃（裏）
前端
前身頃
（裏）
前身頃
（裏）
後ろ中心

11 身頃と見返し、表衿と裏衿を縫い合わせる
12 裾を始末し、見返しを縫いつける

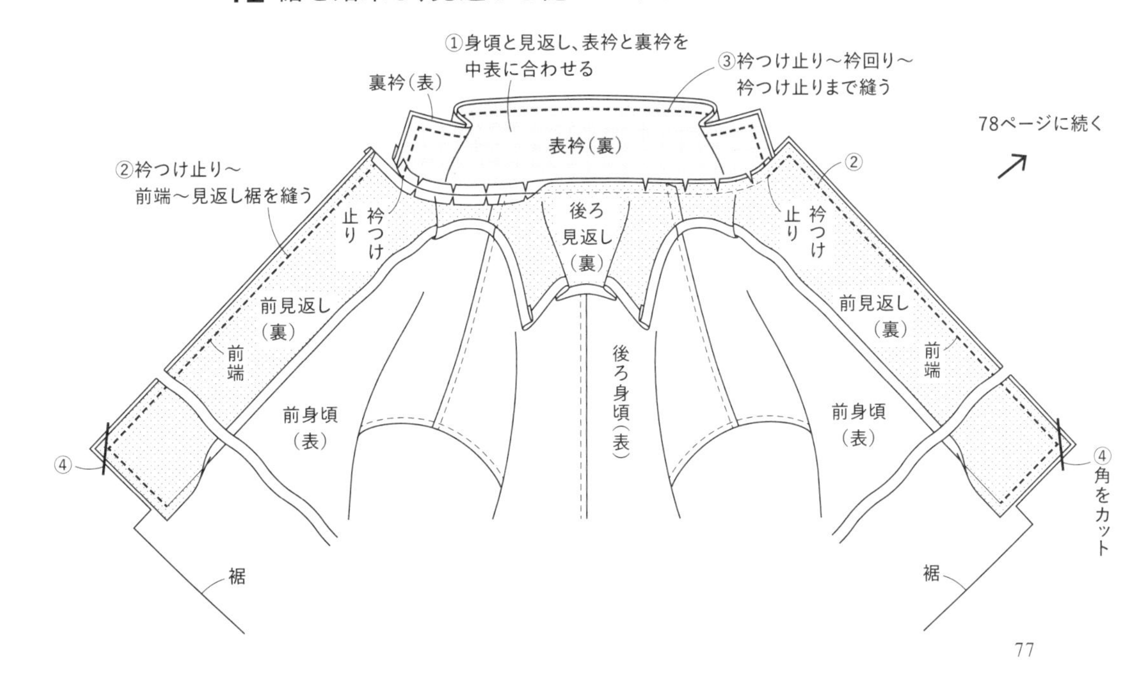
①身頃と見返し、表衿と裏衿を
中表に合わせる
裏衿（表）
③衿つけ止り～衿回り～
衿つけ止りまで縫う
表衿（裏）
②衿つけ止り～
前端～見返し裾を縫う
衿つけ止り
後ろ
見返し
（裏）
衿つけ止り
②
前見返し
（裏）
前見返し
（裏）
前端
前端
後ろ身頃（表）
前身頃
（表）
前身頃
（表）
④
④角をカット
裾
裾

78ページに続く ↗

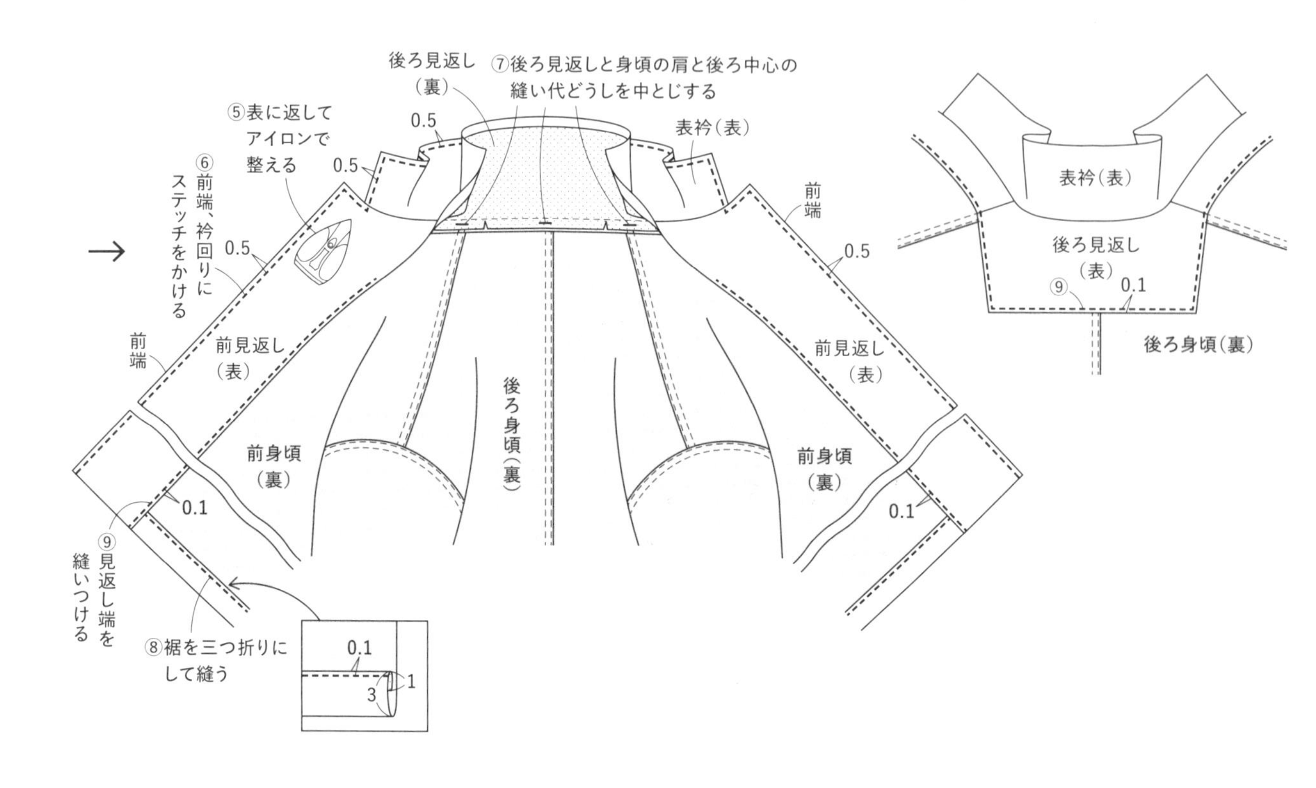

後ろ見返し
（裏）
⑦後ろ見返しと身頃の肩と後ろ中心の
縫い代どうしを中とじする
⑤表に返して
アイロンで
整える
⑥前端、衿回りにステッチをかける
表衿（表）
0.5
前端
前見返し
（表）
後ろ身頃（裏）
前身頃
（裏）
0.1
⑨見返し端を縫いつける
⑧裾を三つ折りにして縫う
3
1
表衿（表）
後ろ見返し
（表）
⑨
後ろ身頃（裏）

13 裾見返しをつける

14 右前身頃にボタンホール（横穴）をあけ、左前身頃にボタンをつける

（p.35 ボタンホールの印つけ参照）

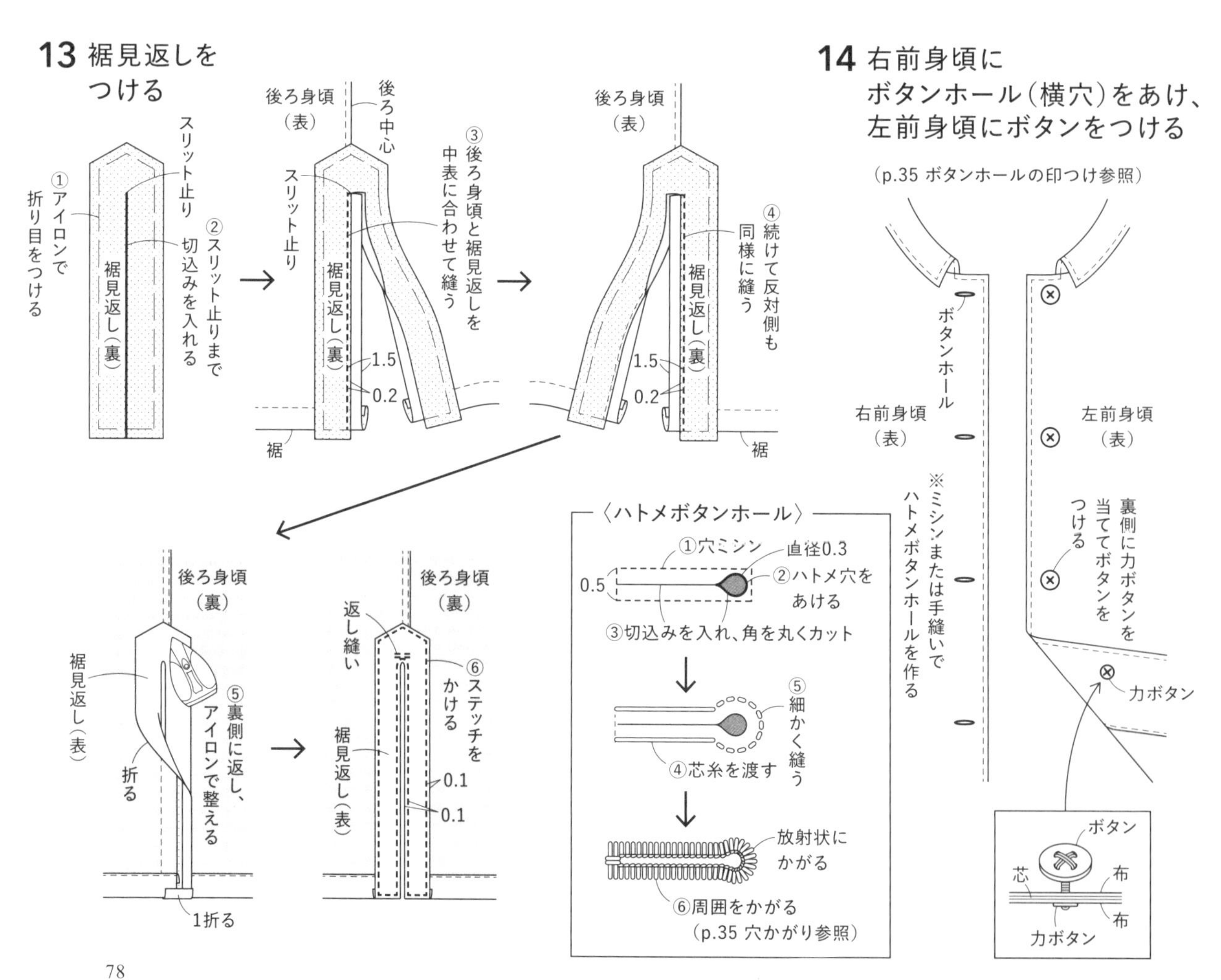

①アイロンで折り目をつける
スリット止り
②スリット止りまで切込みを入れる
裾見返し（裏）
後ろ身頃
（表）
後ろ中心
スリット止り
③後ろ身頃と裾見返しを中表に合わせて縫う
1.5
0.2
裾
④続けて反対側も同様に縫う
後ろ身頃
（裏）
裾見返し（表）
⑤裏側に返し、アイロンで整える
折る
1折る
返し縫い
⑥ステッチをかける
0.1
ボタンホール
右前身頃
（表）
左前身頃
（表）
※ミシンまたは手縫いでハトメボタンホールを作る
裏側に力ボタンを当ててボタンをつける
力ボタン
〈ハトメボタンホール〉
①穴ミシン
直径0.3
②ハトメ穴をあける
0.5
③切込みを入れ、角を丸くカット
⑤細かく縫う
④芯糸を渡す
放射状にかがる
⑥周囲をかがる
（p.35 穴かがり参照）
ボタン
芯
布
布
力ボタン

No 16

ワークコート［ロング］

WORK COAT ［ LONG ］

photo → p.32

実物大パターンD面

No15をロング丈にアレンジし、中厚地リネンで軽やかな印象に仕上げました。ワンピースやスカートなど、女性らしいコーディネートとも相性抜群。

材料 ※左からS／M／Lサイズ

表布 ベルギーリネン40番手 リュードバックハーフ（3／ブラウン）…118cm幅350／370／370cm

別布…35×20cm

接着芯（伸縮性なし）…110cm幅130cm

薄手接着芯…40×10cm

ボタン…直径1.8cm 5個、力ボタン5個

出来上り寸法 ※左からS／M／Lサイズ

バスト…109／117／125cm

着丈…108／110／112cm

ゆき丈…77／79／81cm

縫い方順序

1 裏衿を作る…p.76-1参照
2 ポケット大、小を作る…p.76-2参照
3 前身頃にポケットをつける…p.76-3参照
4 後ろ中心を縫う…p.76-4参照
5 肩を縫う…p.52-1参照（伸止めテープはなし）
6 袖をつける…p.47-7参照
＊袖口の仕上りを2.5cm幅の三つ折りにアイロンで折り目をつける
7 袖下〜身頃の脇を縫う…p.40-6①〜③参照
8 袖口を三つ折りにして縫う…p.47-9参照
＊袖口の仕上りを2.5cm幅の三つ折りにし、袖口から2.4cm幅ステッチをかける
9 見返しの肩を縫い、表衿をつける…p.77-9参照
10 身頃に裏衿をつける…p.77-10参照
11 身頃と見返し、表衿と裏衿を縫い合わせる…p.77-11参照
12 裾を始末し、見返しを縫いつける…p.77-12参照
13 裾見返しをつける…p.78-13参照
14 右前身頃にボタンホール（横穴）をあけ、左前身頃にボタンをつける…p.78-14参照

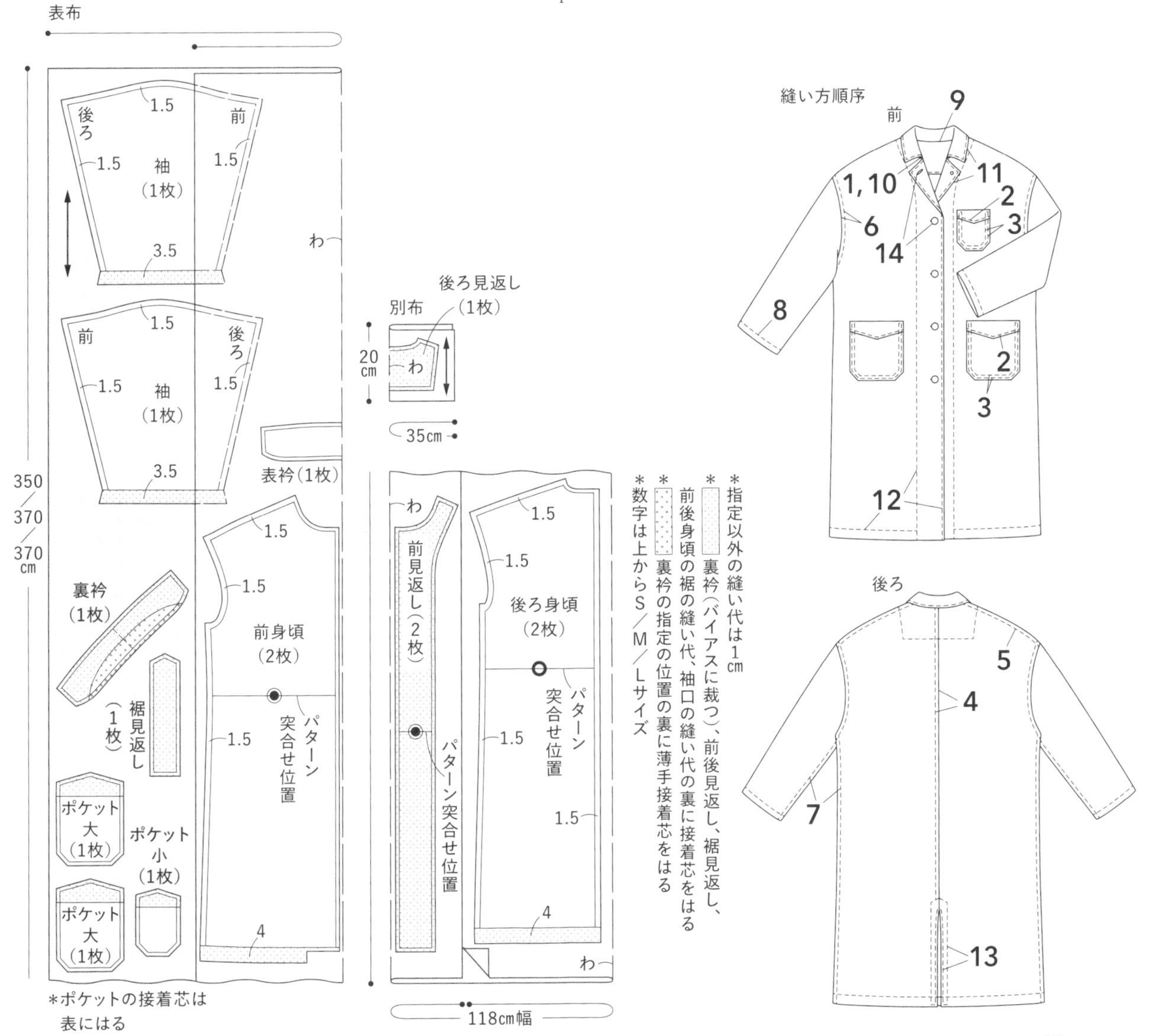

裁合せ図
表布
後ろ
前
袖（1枚）
1.5
3.5
わ
表衿（1枚）
裏衿（1枚）
裾見返し（1枚）
前身頃（2枚）
パターン突合せ位置
ポケット大（1枚）
ポケット小（1枚）
4
350／370／370cm
＊ポケットの接着芯は表にはる
別布
後ろ見返し（1枚）
20cm
35cm
前見返し（2枚）
後ろ身頃（2枚）
118cm幅
＊指定以外の縫い代は1cm
＊裏衿（バイアスに裁つ）、前後見返し、裾見返し、前後身頃の裾の縫い代、袖口の縫い代の裏に接着芯をはる
＊裏衿の指定の位置の裏に薄手接着芯をはる
＊数字は上からS／M／Lサイズ
縫い方順序
前
後ろ
1,10

atelier Roughatour
ホソノユミ

岐阜県在住。縫製業を営んでいた両親の影響で、自然に針を持つように。2008年にオリジナル服のブランド「atelier Roughatour」を立ち上げる。作業着のように丈夫で、時代を超えて着続けられる服づくりをコンセプトに、大人の女性のための日常着を提案している。

https://roughatour.com/
Instagram @roughatour

シンプルな日常着

2024年3月21日　第1刷発行

著　者　ホソノユミ
発行者　清木孝悦
発行所　学校法人文化学園 文化出版局
〒151-8524　東京都渋谷区代々木3-22-1
電話 03-3299-2485（編集）　03-3299-2540（営業）
印刷・製本所　株式会社文化カラー印刷

文化出版局のホームページ　https://books.bunka.ac.jp/

STAFF

アートディレクション　藤崎良嗣
ブックデザイン　山本倫子 pond inc.
撮影　清永 洋
安田如水（文化出版局）
スタイリング　山口香穂
ヘア＆メイク　吉川陽子
モデル　ジュリアンス（身長160cm）
作り方解説　河上布由子
デジタルトレース　宇野あかね（文化フォトタイプ）
パターン配置　八文字則子
校閲　向井雅子
編集　梶 謡子
田中 薫（文化出版局）

生地提供

生地の森（No. 01, 02, 03キナリ, 04, 05, 07, 08, 09, 11, 13, 14, 16）
https://www.kijinomori.com/

タケミクロス（No. 06, 12）
https://www.takemicloth.co.jp/

APUHOUSE FABRIC（No. 03 インディゴ染 ブルー，10）
https://apuhouse.jp/

※時期によって完売もしくは取扱いがない場合があります。ご了承ください。

撮影協力

accessories mau
accessoriesmau@gmail.com
リング（p.6, 7, 14）
ピアス（p.10 〜 13, 16 〜 28）
バングル（p.8, 11, 12, 16, 17, 20, 21）

パラブーツ（パラブーツ青山店）
TEL：03-5766-6688
サンダル（p.16, 17）
シューズ（p.18, 19）